Martin Luther

Mod de overåndelige sværmere

Martin Luther

Mod de overåndelige sværmere

Hvordan nåden blev købt på korset

og uddeles i Ordet og sakramenterne

Oversat og tilrettelagt
Finn B. Andersen

© 2018 Finn B. Andersen

Oversat og tilrettelagt: Finn B. Andersen

Forlag: Books on Demand GmbH, København, Danmark

Tryk: Books on Demand GmbH, Norderstedt, Tyskland

ISBN 978-87-430-0215-4

Indholdsfortegnelse

Forord

I 1524-25 skriver Luther to skrifter mod hans tidligere forbundsfælle Andreas Karlstadt, som stod i spidsen for de voldsomme og radikale angreb på katolske helgenbilleder og altre, mens Luther opholdt sig i skjul på Wartburg.

Karlstadt udskiftede præstedragten med almindeligt tøj og kaldte sig selv for broder Andreas. Han indførte også nadver med både brød og vin i bykirken i Wittenberg.

Hans udgave af kristendommen lagde vægten på de åndelige oplevelser og Åndens direkte ledelse. Derimod var Bibelen en underordnet ting, som kun bestod af døde bogstaver.

I forlængelse af det mente han heller ikke, at brød og vin i nadveren var andet end et symbol på Jesu åndelige legeme.

Imod denne radikale udgave af kristendommen er det Luther i hast skriver de to skrifter her i bogen. Først et åbent brev med advarsel mod "Sværmerånden" og dernæst en mere uddybende og grundig behandling mod "De himmelske profeter", som Luther kalder dem.

Det er i dette skrift, Luther også giver en af sine mest udførlige behandlinger af forskellen på *erhvervelsen* af syndernes forladelse og så *uddelingen* af denne skat. Erhvervelsen er sket én gang på korset, men uddelingen sker igen og igen gennem ord og sakramenter. Og det er kun på denne måde, Helligånden kommer til mennesker.

Oversættelsen har fundet stor hjælp i Inge Lønnings norske oversættelse i "Martin Luther. Verker i utvalg", bind 3, Oslo 1980.

Tekst: WA 15, 391-397 og WA 18, 62-215

Finn B. Andersen

Et brev til de kristne i Strasbourg mod sværmerånden 1524

Martin Luther, uværdig kirketjener og evangelist i Wittenberg, hilser alle kristne i Strasbourg, Guds allerkæreste venner:

Nåde og fred fra Gud, vores far og fra Herren Jesus Kristus! Allerkæreste herrer og brødre, for den rigelige nåde han har vist jer, har jeg til denne dag frydet mig og takker Gud, ophavet til al barmhjertighed. Han har jo kaldet jer til sit underfulde lys og har ladet jer få del i fællesskabet om hans søns, Jesu Kristi, hele rigdom. I har nu gennem hans frelsende ord lært ham at kende og kan med trøstig hjerte kalde ham for den rette far. Ham, der har forløst os fra Antikrists forfærdelige mørke og ført os ud af Egyptens jernovn – synden og døden - og ført os ind i det lovede land, det store, trygge, frie og rette.

På denne baggrund må I se til at huske på, hvad som ligger bag, på hvad I før var, så I ikke skal blive afsløret som utaknemlige modtagere af en så stor nåde og barmhjertighed. Der findes jo allerede folk som er havnet i den situation, og som nedkalder Guds vrede over sig igen. Bliv stående fast, øv jer og tiltag dag for dag i denne forståelse af Jesus Kristus og den nåde, han giver. Det er den rette vej til frelsen, som ikke kan føre jer vild. Se endelig til at I forbliver i indbyrdes enhed og viser hinanden *søskendekærlighed* i praktisk handling. For *det er på den måde troen beviser, at den ikke er falsk, forgæves eller slap.* Og det er om at gøre at den fjende, som er drevet ud, ikke kommer tilbage og finder huset ledig og fint ryddet og så flytter ind sammen med syv endnu værre ånder, sådan at det sidste bliver værre end det første.

Bliver I spottet eller forfulgt, når I forholder jer på denne måde - ja, da er I salige. Har de kaldt husherren selv for Beelzebub, hvor meget mere kommer de da ikke til at gøre det med hans husfolk? En tjener skal ikke have det bedre en sin herre. Hvad skade kan det egentlig gøre om mennesker, stakler - forgængelige som røg - spotter jer, så længe I er sikre på at så uendelig mange millioner af engle i Himlen, ja, at Gud selv glæder sig over jer og sammen med alle skabninger lover og priser jer? Sådan er det jo at troen og den gode samvittighed føler det i Helligånden, når de aflægger vidnesbyrd for jer, så længe I blot tror ret og har ladet Kristus få rum til i sandhed at leve og regere i jer. *Det at måtte lide er jo blot noget som fremmer og gavner vores frelse.*

Farlige sager er det derimod, når der opstår splittelser, sekter og vildfarelse blandt de kristne, som tilslører denne trøstefulde kundskab, forstyrrer samvittighederne og i al ubemærkethed fører dem bort fra nåden i Ånden og ud i udvendige ting og gerninger. Sådan gjorde de falske apostle, sådan har alle slags kættere gjort siden, til sidst også paven. Her er det i allerhøjeste grad påkrævet at holde sig vågen. For hvis vort evangelium er det rette evangelium - det er jeg sikker på og tvivler ikke et øjeblik - *så følger også med nødvendighed, at det vil blive angrebet* og sat på prøve fra begge kanter. Fra venstre med spot og åbenlyst had fra modstanderne, fra højre gennem vores egne partidannelser og splittelser, sådan som Paulus skriver: "Der må jo også være partier hos jer, så man kan se, hvem af jer der er til at stole på!" Kristus har jo ikke bare en Kajfas blandt sine fjender, men også en Judas blandt sine venner.

Når vi nu véd, at det er sådan, må vi se til at holde os ordentlig rustet, sådan som folk må gøre, når de hele tiden og når som helst må være forberedt på at værge sig mod angreb fra begge kanter. Opstår det nogen splittelse blandt os, skal vi slet ikke blive forbavset eller skrækslagne, men med friskt mod tænke, at sådan er det og vil det være - og så bede Gud om at Han vil være med os og sørge for at holde os på ret køl. Som Moses siger, er det nemlig på den måde, Gud sætter os på prøve, for at se om vi af hele vort hjerte hænger fast ved Ham eller ikke. Dette siger jeg, fordi jeg har erfaret, hvordan nye profeter dukker op enkelte steder, og fordi jeg har fået brev fra nogen af jer. De fortæller, at *Karlstadt* har forårsaget postyr hos jer med sit *sværmeri om nadveren, om billederne og om dåben.* Det har han gjort andre steder også, samtidig som han driver og skælder mig ud, fordi jeg skal have fordrevet ham fra landet.

Nuvel, mine allerkæreste venner, jeres præst er jeg ikke. Ingen er heller forpligtet til at tro mig, enhver må se til sig selv. Vidst kan jeg advare alle og enhver, men hindre nogen i at begå dumheder, kan jeg ikke. Jeg håber også, at I hidtil har lært mig at kende i mine skrifter, som en mand, der har behandlet evangeliet, Kristi nåde, loven, troen, kærligheden, korset, menneskelige forordninger, hvad man skal mene om paven, munkestanden og messerne og alle de hovedsager, som en kristen har brug for at vide besked om, og det på så klar og sikker vis, at jeg i så måde ikke kan anklages for fejl. Nej, *ingen kan benægte, at Gud har brugt mig uværdige redskab til at hjælpe mange sjæle ved.*

Intet af alt dette har Karlstadt nogensinde rigtig villet tage på sig. Han er vel heller ikke i stand til det. Det ser jeg nu af hans skriverier. Selv om jeg virkelig ikke havde troet at manden ville falde så dybt og er virkelig chokeret over det. For mig ser det ud til, at han farer løs på ydre ting med en voldsomhed, som om hele kristendommen skulle dreje sig om at løbe storm på billeder, forkaste nadver og hindre dåb. Og han vil gladelig lade røgen og dampen fra alt dette *formørke selve sollyset fra evangeliet og hovedsagen i kristendommen,* for at verden skal glemme alt det, som hidtil er blevet forkyndt gennem os. Men gøre rede for hvad ret kristendom er, kan han ikke mande sig op til. At løbe storm på billeder, fornægte nadveren og kritisere dåben er et så ligetil kunststykke, at det kan en hvilken som helst nar magte. Det gør så vidst ikke nogen til en kristen. Nej, en så grovkornet satan har jeg kun lidt til overs for.

Derfor er det velment fra min side, når jeg råder og formaner jer til at se jer for og holde fast på et eneste spørgsmål: Hvad det er, som gør et menneske til en kristen. Lad for alt i verden ikke noget andet spørgsmål eller noget kunststykke få den samme betydning som dette. Hvis en eller anden kommer med et nyt forslag, så tag til orde og spørg: "Kære, er dette noget, som gør et menneske til kristen, eller er det ikke?" Er svaret nej, så lad det ikke være hovedsagen, og sats ikke på det for fuldt alvor. Men hvis nogen er for svag til at modstå fristelsen til at gøre det, så få ham til at vente og tænke sig om, til han ser, hvad vi eller andre siger om sagen. Hidtil har jeg i hvert fald gjort det ret og godt, når jeg har behandlet hovedsagerne, og den, som påstår noget andet, er ikke noget godt papir. Jeg håber, at jeg heller ikke skal gøre det så aldeles galt, når jeg tager disse ydre sager for mig, som er det eneste den slags profeter pukker på.

Det må jeg tilstå, at hvis Karlstadt eller nogen anden for fem år siden havde kunnet fortælle mig, at det ikke er andet end brød og vin til stede i nadveren, så havde vedkommende gjort mig en stor tjeneste. Dengang havde jeg vitterlig så hårde anfægtelser og sled så hårdt med dette, at jeg mere end gerne skulle have sluppet ud den vej. Jeg så jo, at jeg kunne have givet pavedømmet et ordentligt stød på den måde. Jeg havde også to som skrev til mig om dette på langt dygtigere vis en Karlstadt. De drev ikke og maltrakterede ordene efter deres egne tanker, som han gør. *Men jeg er taget til fange og kan ikke slippe løs: Teksten står der alt for stærk og lader sig ikke rokke fra sin mening, hvad man end siger.*

Ja, om det så var i dag, det hændte, at en eller anden med holdbar begrundelse kunne bevise at det kun er brød og vin, som er til stede, så ville man ikke have behøvet at gå mig så skrækkelig hårdt på klingen. Så langt jeg kender min gamle Adam, er jeg bare så alt for tilbøjelig til at gå med på det. Men sådan som Karlstadt tager på vej, gør det ikke det ringeste indtryk på mig. Det virker blot til at bestyrke mig i min opfattelse. Havde jeg ikke været overbevist om det på forhånd, så havde de løsagtige og intetsigende argumenter, *sammensat ved fornuftens hjælp af egne spekulationer og uden noget som helst Skriftgrundlag,* i hvert fald for alvor overbevist mig om, at hans opfattelse intet er værd. Det håber jeg også, at alle vil indse, når jeg nu svarer ham. Sandt at sige har jeg svært ved at tro, at han mener det for fuldt alvor, eller også må Gud have forhærdet ham og slået ham med blindhed. For hvis det havde været alvor, ville han ikke have smuglet sådanne latterlige afsnit ind, som han har. Han ville heller ikke have gøglet sig væk fra det græske og hebraiske sprog - som man véd, har han jo ikke haft meget at glemme af dem.

Hvad stormløbet på billederne angår, ville jeg ellers tage hans hurlumhej med ro. Med det jeg har skrevet, har jeg jo gjort mere til at reducere billedernes betydning end det han nogensinde kommer til at gøre med sine stormløb og sværmerier. Men det, som ikke kan tolereres, er, at man ophidser og jager kristne mennesker til at gøre dette *ved at foregive, at man ikke er en kristen, hvis man lader være.* På den måde spærrer man den *kristne frihed* inde med love og samvittighedssnarer. *Vi véd, at der ikke er nogen gerning, som gør et menneske til kristen, og at sådanne ydre ting, som billeder og sabbatsfejring i Det nye Testamente hører til det, som er frit, i lighed med alle andre ceremonier, som er fastsat i loven.* Paulus siger: "Vi véd, at der ikke findes nogen afgud i verden." (1 Kor 8, 4). Når der ikke findes nogen, hvorfor skal man da tage kristne menneskers samvittighed til fange og plage den for ingentings skyld? Findes det ikke nogen, så lad det heller ikke gøre noget fra eller til, lad det være et fedt, hvad enten det bliver stående eller falder, sådan som han også taler om omskærelsen (1 Kor 7, 19). Men mere om dette i mit svarskrift.

Når han skælder mig ud for at have fordrevet ham, skulle jeg næsten ønske, at det var sandt. Er det Guds vilje, skulle jeg gerne tage ansvaret for det. Jeg er glad for, at han er ude af vort område og skulle ønske, at han heller ikke var hos jer. Det havde også været klogt af ham at afstå fra at beklage sig, for jeg er bange for at min undskyldning i virkeligheden vil ramme ham som en kraftig anklage. Mit råd er, at man skal vogte sig for løgneånden, hvem som kan, for der følger ikke noget godt med den. I Jena klarede han på grundlag af et skrift næsten at overbevise mig om, at det ikke fandtes nogen sammenhæng mellem hans ånd og oprørsånden og drabsånden fra Allstadt. 3 Men da jeg på fyrstens befaling kom til Orlamünde og hans kristne dér, fandt jeg hurtigt ud af, hvad slags sæd, han havde sået. Jeg var glad for, at jeg ikke blev jaget ud med stenkastning og møg, for enkelte af dem velsignede mig med ønsket: "I tusind djævles navn: Forsvind herfra og bræk nakken, før du kommer ud af byen"! I løbesedlen, som de har sendt ud om begivenhederne bagefter, har de rigtignok givet sig selv god attest. Men havde æslet haft horn, det vil sige: Havde jeg været fyrste i Sachsen, så ville Karlstadt ikke have blevet fordrevet med mindre jeg var blevet bedt om det. Men man må heller ikke lade ham spotte fyrsternes godhed.

Vel, mine kære venner, jeg beder jer være klogere end os, om vi nu har gjort os til nar ved at skrive om vort forehavende. *Jeg mærker jo godt, at Djævelen bare er på udkig efter påskud, til at få folk til at læse og skrive om os mennesker og hvor fromme eller slette vi er, sådan at hovedsagen, Kristus går i glemmebogen og folk i stedet bliver mættet med nyheder, som får dem til at blive stående og glo med munden på vid gab.* Enhver skal følge den lige vej, så han véd, hvad lov, evangelium, tro, Kristi rige, kristen frihed, kærlighed, tålmodighed, menneskelove og lignende er. Skal vi lære det, har vi mere end nok at tage os til i al evighed. Bliver du så optaget af dette, at du af den grund ikke kan være med til at knuse billeder, så begår du ingen synd ved det. *Ja, hvis du heller ikke går til nadver, kan du alligevel blive salig ved ordet og troen.* Det er kun én ting, som står i hovedet på Djævelen i denne farlige nattetid, og det er *at få vendt vores øjne bort fra det, som er vort lys,* sådan at han kan få os væk fra den rette vej med sine egne flakkende fakler og lys.

Mine kære herrer og brødre, bed jeres evangelister om, at de *viser jer væk fra Luther og Karlstadt* og stadig retter opmærksomheden mod Kristus. Ikke kun mod *Kristi gerninger,* sådan som Karlstadt gør, og hvordan Kristus kan tjene som *eksempel,* for det er den mindst vigtige side ved Kristus. Her ligner han andre hellige. Nej, opmærksomheden skal rettes mod dette, at han er en *Guds gave* eller (som Paulus siger) Guds kraft, visdom, retfærdighed, forløsning, helliggørelse, *som er skænket os* (1 Kor 1, 30). Det er en forståelse som disse profeter aldrig har kendt, smagt eller lært noget af. Derfor er det, de driver deres tryllekunstner med "den levende stemme fra Himlen", med "fordybelse", "bestænkning", "dødelse" og lignende overdrevne ord, som de aldrig har forstået noget af selv. Det eneste, de udretter med det, er at lave vildfarne, urolige, tyngede samvittigheder, sådan at man skal falde i svime over deres store kunstfærdighed og derved glemme Kristus.

Kære brødre, bed om at Gud, vores far, ikke må lade os falde i anfægtelse, men af sin grundløse barmhjertighed må styrke, opretholde og fuldføre det værk, han har begyndt i os. Sådan er vi jo blevet formanet til trøstig at bede gennem Kristus, vores frelser, og i det har vi en fordel frem for disse profeter. For jeg véd, at de aldrig har vendt sig til Gud, vores far, eller bedt ham om lov til at gå i gang med deres sager. Heller ikke har de til denne dag haft så god samvittighed, at de har vovet at bede om en lykkelig udgang på dem. Nej, det er deres egen dumdristighed, som har fået dem til at sætte i gang, og følgelig turer de også frem i ren æresyge, lige til det tager en ende med skændsel. Guds nåde være med jer alle. Amen.

Mod de himmelske profeter
om billederne og nadveren 1525

Må Gud og vores kære Herre Jesus Kristus beskytte os. Nu bryder et nyt uvejr løs. Jeg havde rigtig slået mig til ro og regnet med at striden var over - og så begynder den først for alvor. Det går mig som vismanden siger: Når mennesket slutter, må det først for alvor tage fat. Doktor Andreas Karlstadt er faldet fra os og er dertil blevet vores argeste fjende bagefter. Men Kristus lader sig ikke skræmme. Han vil give os mod og forstand, så vi ikke giver efter for Satan, når han lader som om han vil forsvare nadveren. Det er nemlig noget helt andet han har i sinde: Hele forkyndelsen af evangeliet, som han ikke har klaret at overdøve med voldsbrug, vil han *fordærve ved hjælp af listig omgang med Skriften.*

Nu har jeg forudsagt - og profetierne kommer til at gå i opfyldelse, er jeg ræd for - at Gud kommer til at tage affære med vores utaknemlighed og tillade at sandheden bliver kastet til jorden, sådan som Daniel siger (Dan 8,12), siden vi forfølger den i stedet for at tage imod den. Det kommer til at gå sådan, at vi ikke får andet en vildfarelse, falske ånder og profeter igen, sådan som vi har haft en del af i tre år nu. Ved Guds nåde er de blevet holdt på plads hidtil, ellers havde de for længst oversvømmet os. Men jeg véd slet ikke, om Han kommer til at holde dette tilbage længere, når ingen bryder sig om det, ingen beder om det og alle er så trygge som om Djævelen var faldet i søvn, selv om han går omkring som en brølende løve. Rigtignok håber jeg at det ikke skal have nogen nød, så længe jeg endnu er i live, for så langt Gud giver mig muligheder til det, vil jeg sætte mig til modværge mod det, og det så længe jeg lever. Det må gå som det kan. Her kommer i hvert fald min ærlige og alvorlige advarsel og formaning:

For det første bør hver og en med fuldt alvor tigge Gud om ret forstand og om Hans hellige, rene ord - taget i betragtning at det slet ikke står i vores magt at opretholde hverken troen eller Guds ord i en verden som er underlagt så mægtige fyrster og denne verdens gud, Djævelen. Ene og alene Guds egen magt kan beskytte det, sådan som salme

12 så fint udtrykker det, når den beder: "Herrens ord er rene, sølv, der er lutret i diglen i jorden, renset syv gange. Du beskytter os, Herre, du bevarer os evigt mod denne slægt, hvor ugudelige vandrer omkring og usselhed triumferer blandt mennesker." Praler vi af at vi har det og lader være at bekymre os for, hvordan vi skal kunne beholde det, så er det snart tabt.

For det andet bør vi også mønstre med den flid vi har og ikke lade øjnene falde i søvn, men holde dem vågne. Den nåde holder Gud nemlig trods alt fast på over verden, at Han ikke lader nogen falsk profet røre ved andet end det som er ydre, som gerninger og subtile, spidsfindige påfund om ydre ting. Troen og en god samvittighed for Gud interesserer de sig ikke for, nogen af dem, bare for det, som ser stort og flot ud for fornuften og verden. Sådan tog arianerne sig rigtig godt ud i fornuftens øjne, da de påstod at Gud bare var én person, Faderen, mens Sønnen og Helligånden ikke var rigtig Gud. Ligesådan gjorde jøderne og pelagianerne det pænt og var lette at fæste tiltro til, når de hævdede at gerningerne gør from uden nåden, og under pavedømmet klinger det sødt, når det hedder at *den frie vilje også bidrager til at opnå nåden*. På samme måde falder det i god jord, når man siger, at det bare er almindeligt brød og vin, som er til stede i nadveren, fordi det er i overensstemmelse med fornuften. Hvem er ikke i stand til at tro det? Havde man gjort den indrømmelse over for jøderne - om det så ikke var før i dag - at Kristus var et blot og bart menneske, så tænker jeg nok, de havde været lette at omvende.

Derfor skal vi lægge vind på at holde dem langt fra hinanden, disse *to lærepunkter*: Den ene, som drejer sig om *de centrale ting* og lærer at styre samvittigheden i ånden i forhold til Gud. Og den anden, som drejer sig om de *ydre ting* eller gerningerne. *For der er mere som afhænger af læren om troen og en god samvittighed end af læren om gode gerninger*. Det er nemlig sådan, at om gerningerne mangler, så findes det råd og hjælp til at afstedkomme dem, hvor forkyndelsen af troen forbliver fast og ren. Men hvor forkyndelsen af troen bliver skudt i baggrund, og gerningerne bliver trukket frem, kan der ikke findes hverken råd eller hjælp eller noget andet godt. Nej, der vil gerningerne ene og alene være nogen som fører ære med sig og vil være nogen storartet i folks øjne. Hvor det sker, går Guds ære fløjten.

Det er sådan, de gør, disse æresyge profeter, som ikke gør andet en at løbe storm på billeder, ødelægge kirker, gøre sig til herrer over nadveren og leder efter en ny slags *mortificatio*, det vil sige en selvvalgt måde at slå kødet ihjel på. Forkyndelsen af troen har de aldrig befattet sig med hidtil, aldrig lært hvordan man skal oprejse samvittighederne, som jo er det vigtigste og mest nødvendige i hele den kristne lære, som før sagt. Tænk bare efter: Om de nu havde klaret at gennemføre det hele, sådan at det ikke fandtes et billede længere, ikke stod en kirke igen, ikke fandtes et menneske igen i hele verden, som troede at Kristi legeme og blod er til stede i nadveren, at alle gik rundt i grå bondetrøjer - hvad havde man opnået med det? Hvad ville de egentlig have udrettet med dette, som de driver, jager og slider efter? Ville det have gjort dem til kristne? Hvor ville i så fald troen og kærligheden være blevet af? Skal de komme senere hen? Skulle de ikke snarere være kommet først? Berømmelse, tom egenære og et nyt munkeudseende ville man sagtens have vundet på den måde, sådan som tilfældet er med alle gerninger. Men samvittigheden hjælper det ikke det ringeste. Det spørger sådanne falske ånder heller ikke efter, lige så lidt som paven spørger efter, hvor troen og kærligheden er, så længe de bare går sin gang, de lydigheds- og lovgerninger, han fastsætter. Det er dem han lægger vind på, men når de sker, er der i virkeligheden ikke sket nogen ting.

Fordi Karlstadt nu går nøjagtig samme vej og i alle sine mange bøger ikke en eneste gang lærer, hvad tro og kærlighed er (ja, de taler endda med spot og hån om os i den sammenhæng, som om det skulle være en ringe lære, det drejede sig om), men driver og maser på ydre aktivitet, så skal hver og en være advaret mod ham og vide at han har en fordrejet ånd, som ikke har andet i sinde end at myrde samvittighederne med love, synder og gerninger. Og alligevel er det ikke udrettet nogen ting, om det så skete alt det, han fremsatte i alle sine bøger og i mund og hjerte. Tværtimod: Alt det han driver på med, kan hvilke som helst slubberter gøre og lære. Nej, det må adskillige højere sager til for at løse og trøste samvittighederne. *Og det er Helligånden, som man ikke får del i gennem billedknusning eller andre gerninger, men kun gennem evangeliet og troen.*

For at vi nu ikke skal blive stående og måbe med munden på alt for vidt gab og falde aldeles i staver over kunststykkerne af disse falske ånder, sådan at vi lader de virkelige hovedsager fare og bliver afsporet med list (for det er det, Djævelen bruger disse profeter til), vil jeg her i korthed fremstille *selve hovedstykkerne i den kristne lære.* De ting, som den enkelte frem for alt skal give agt på og blive stående fast ved.

Det første er Guds lov, som skal forkyndes sådan, at man ved det blotlægger synden og lærer den at kende, Rom 3 og 7, sådan som vi mange gange har vist det i vores skrifter. Men det er noget, disse profeter ikke forstår sig godt på i det hele taget. Det er imidlertid dette, som er at forkynde loven på virkelig *åndelig vis,* sådan som Paulus siger det i Rom 7 eller bruge loven ret, som det hedder i 1 Tim 1

Det andet er dette: Når synden er erkendt, og loven dermed er forkyndt sådan at samvittighederne er skrækslagne og ydmyget af Guds vrede, skal man forkynde *evangeliets trøstefulde ord og syndsforladelsen,* sådan at samvittighederne igen bliver trøstet og rejst op til Guds nåde. Disse to ting lærer Kristus selv i denne rækkefølge i sidste kapitel hos Lukas (Luk 24, 47). Man skal forkynde bod og syndsforladelse i hans navn. Og Ånden (siger han i Joh 16) skal overbevise verden om synd, retfærdighed og dom. Disse to ting finder du hverken hos disse eller hos andre falske profeter. De kan heller ikke, skønt det er de fornemste og mest nødvendige dele af alle.

Det tredje er dommen, som skal tilintetgøre det, som *det gamle menneske* udretter. Det handler Rom 5, 6 og 7 om. Det drejer sig om de gerninger - ja, lidelser og smerter med - som sker for at slå vort eget kød ihjel gennem *selvdisciplin,* faste, nattevågen, arbejde osv., eller gennem forfølgelse og spot fra andre. Denne *dødsproces* behandler de heller ikke på ret måde, disse falske profeter. De tager nemlig ikke imod det, som Gud sender dem, men vælger sig ud gerninger selv: Bærer grå trøjer, vil se ud som bønder og laver mange andre narrestreger.

For det fjerde skal *kærlighedsgerningerne mod næsten* gå sin gang med mildhed, tålmodighed, velgerninger, undervisning, hjælp og råd til legeme og sjæl - alt sammen frivillig og uden vederlag, sådan som Kristus har gjort mod os.

For det femte og sidste har vi også dette at man må drive på loven og lovgerningerne, ikke over for de kristne, men over for de rå og vantro. Over for de kristne må man, som vi har sagt ovenfor, forkynde loven på åndelig vis for at fremme syndserkendelsen. For de rå folk derimod, for hr. Allemand, må man også forkynde den firkantet og legemlig, sådan at de gør det, de skal og afstår fra at gøre det, de ikke skal og bliver pænt nødt til at være fromme i det ydre på grund af sværdets og lovens tvang. På samme måde holder man jo vilddyr i lænker og bur, og på den måde kan freden holdes ved lige i det ydre. For dette formål er det, den verdslige øvrighed er indsat, og det er derfor Gud vil at vi skal ære og frygte den, Rom 13 og 1 Pet 3.

I denne sammenhæng må man imidlertid se til at man *tager vare på den kristne frihed* og ikke lægger lovkravene og gerningerne på de kristnes samvittighed, sådan at det bliver dem, som gør dem til retfærdige eller syndere. Her er det de kommer ind i billedet disse spørgsmål, som angår det at ødelægge billeder eller bære over med dem, spiseforskrifter, klædedragt, steder, personer og overholdelse af alle slags ydre påbud osv. *Den, som ikke lærer i overensstemmelse med denne rækkefølge, går ganske enkelt ikke ret frem.* Af det kan du trække den slutning, at Karlstadt og hans ånder gør det laveste til det højeste, det simpleste til det bedste og det sidste til det første. Ikke desto mindre ønsker de at blive set på som den allerhøjeste ånd, som har slugt Helligånden med fjer og det hele.

Derfor beder jeg enhver kristen, som ser på, når vi driver og slås om disse sager, at han må huske på, at det ikke er de vigtige ting, vi drøfter, men de allermindst betydningsfulde. Og husk på at Djævelen gerne ser sit snit til at *blæse sådanne bagateller op til store sager,* som suger godtfolks blik til sig, får dem til at glemme de virkelige afgørende ting og blive stående og glor på disse i stedet. At Karlstadts ånd er en falsk og ond ånd, kan enhver lægge mærke til af dette, at den ikke slår sig til tåls med at få ham til at fortie de virkelig afgørende ting og lade dem ligge, samtidig som han blæser småsagerne op, som om verdens salighed snarere hang på dem end på Kristus selv. Nej, den tvinger os også ned fra de høje og nødvendige sager til bagatellerne. *Sammen med ham må vi spilde tid på dem og løbe risikoen for at glemme de vigtige ting.* Det er den første frugt, man kan kende dette træ på.

For at det ikke skal blive for mange bøger ud af det, vil jeg svare på alle hans bøger med denne ene. Siden jeg ikke har skrevet noget eget værk om *billedspørgsmålet* før, må dette være det første. Han har jo på sin side gået løs på dette efter sit eget hoved og med begejstring, men vil i fortsættelsen gerne lappe på det og dække over skammen med figenblade.

Ødelæggelsen af billeder

Angående ødelæggelse af billeder har jeg for min del givet mig i kast med det på den måde, at jeg *først har revet billederne ud af hjerterne ved Guds Ord* og gjort dem værdiløse og ubetydelige. Dette havde for længst sket, før Karlstadt begyndte at drømme om billedangreb. *For når billederne blot er ude af hjerterne, skader de ikke øjnene.* Men Karlstadt, som er ligeglad med hjerterne, har drejet forholdet om. Han har revet dem bort fra øjnene, men ladet dem blive stående igen i hjertet. *Han forkynder nemlig ikke troen* og er heller ikke i stand til at forkynde den. Det indser jeg desværre nu. Hvilket angreb, der er det bedste af disse to, overlader jeg til den enkelte at dømme om.

Det forholder sig jo sådan, at når hjerterne er blevet oplyst om, at det kun er gennem troen, man kan behage Gud, og at han ikke sætter pris på billeder. Det er spildt gudstjeneste og bortkastede penge. Så holder folk op med det af sig selv. De foragter billederne og bestiller ikke flere. Men hvor man forsømmer at give undervisning om dette og blot går løs med knytnæverne, sker der ikke andet end at man skader dem, som ikke forstår det, og som blot gør det, fordi loven befaler det.

De gør det, som en nødvendig ting og en god gerning, men ikke frivilligt. De tror, de behager Gud med det, de gør. Og den opfattelse er en kæmpe afgud og en falsk tillid i hjertet. På den måde er det med dette lovdriveri: I det ydre afskaffer de billeder og stopper hjertet fuldt af afguder i stedet.

Det siger jeg, for at man nok endnu en gang skal se, hvad det er for en ånd som stikker i denne Karlstadt. Han beskylder mig for, at jeg i strid med Guds ord vil beskytte billederne, til trods for at han ved, at *jeg vil have dem fjernet, foragtet og tilintetgjort i alle hjerter.* Det er blot den voldsomme knytnæve og hans påtrængenhed, jeg ikke har noget til overs for. Havde det været Helligånden, som havde været der, ville den ikke have løjet så overlagt og uforskammet. Nej, den ville have sagt: Ja, min kære Luther, jeg sætter stor pris på, at du gør billederne til ingenting i hjerterne på folk. På den måde kan jeg desto lettere også få gjort dem til ingenting for øjnene af dem. Derfor tager jeg imod din tjeneste som en god hjælp. Men nu hedder det sig, at jeg handler i strid med Guds ord og beskytter billederne. Jeg, som gør dem til intet både i ydre forstand og i folks indre. Og jeg må ikke sige, at han handler i strid med Guds ord, når han blot smadrer billeder i det ydre og lader dem blive stående i hjertet og rejser andre i tilgift, nemlig falsk tillid og vægtlægning på gerninger.

For øvrig har jeg tilladt og ikke sat mig imod, at man også i det ydre fjerner billederne. Hvis det blot går for sig uden sværmeri og spektakel, på ordnet vis og ved myndighederne. I verdens øjne er det en skurke-streg at skjule og dække en god sags rette sammenhæng for at komme den til livs. Men når Karlstadt skjuler et åndeligt og ordentligt billede af mig og foregiver, at jeg ikke er noget andet end en billede-beskytter, så er det en hellig og profetisk gerning. Selv om det ikke er andet jeg gør, end at stå imod hans partiånd og sværmerånd. Men fordi den onde ånd sidder så hårdnakket fast i hans sind, vil jeg blot på trods og for at ærgre den, være mindre eftergivende end jeg før har været.

Først vil jeg da tale om billederne på Moselovens vis, derefter på evangelisk vis. Jeg begynder med at slå fast, at *ifølge Moseloven er intet andet billede forbudt end billeder af Gud, som gøres til genstand for til-bedelse.* Et krucifiks eller et andet helligt billede derimod er det ikke forbudt at eje. Kom blot an nu, mine bedste billedstormere, sig imod og bevis at det forholder sig anderledes! Som begrundelse anfører jeg det første bud, 2 Mos 20, 3: "Du må ikke have andre guder end mig." Umiddelbart efter denne tekst går han videre og viser og forklarer, hvad det er, han kalder andre guder. Han siger: "Du må ikke lave dig noget gudebillede", *underforstået: af disse guder.* Og selv om vores ånder hænger sig i det lille ord "lave" og stadigvæk pukker på at lave, lave, det er noget andet end at tilbede, så må de, når det kommer til stykket, indrømme at dette bud i grund ikke taler om noget andet end Guds ære. Rigtignok er det sådan, at billedet må være lavet, for at det skal blive tilbedt og være ulavet, hvis det ikke skal blive tilbedt. *Det fører imidlertid ingen steder hen at rykke et ord ud af sammenhængen og pukke på det alene.* Nej, man må se på meningen med teksten i sin helhed, hvordan de enkelte led hænger sammen, da ser man, *den taler om gudebilleder, som ikke skal tilbedes.* Ingen vil være i stand til at bevise andet ud fra denne tekst - senere i samme kapitel følger det jo også: "I må ikke lave jer guder af guld." (2 Mos 20, 23). Det viser at "lave" helt sikkert går på gudebillederne.

Ordet "du må ikke have andre guder" er jo hovedudsagnet, målet og målestokken, som alle de andre ord, som følger efter, skal føje sig til og rette sig efter. For det er det, som angiver og udtrykker meningen med dette bud, nemlig at der ikke skal findes andre guder. Derfor må ordene "lave", "billede", "tjene" og alle de andre som følger, ikke være anderledes at forstå end at der ikke kommer nye guder og afguderi ud af det. Akkurat som ordet "Jeg er din Gud" er målestok og mål for alt det, som siges om gudstjenesten. Det ville jo være narrespil, hvis jeg ud af det ville trække noget, som ikke angår guder eller gudstjeneste, som husbygning, pløjning osv. Under ordene "Du må ikke have andre guder" kan man ikke henføre andet end det som går på afguderi. Hvor billeder eller statuer bliver lavet uden afgudsdyrkelse, er det ikke forbudt at lave dem, for hovedudsagnet bliver stående ubeskåret.

Hvis de ikke vil lade det at lave gå på afbildningerne af Gud, sådan som teksten jo tvinger til, så vil jeg på min side hævde, at det at tilbede ikke er forbudt, når man først vil klamre sig så krampagtig til bogstaven, for i det første bud står der ingenting om det at tilbede. Derfor kunne jeg godt sige: Lav blot ikke noget billede, lad andre lave det, men at tilbede det er ikke forbudt. Men hvis de nu ud fra andre steder tolker "lave" sammen med "tilbede" - sådan står det jo ikke her i teksten - så tolker jeg med al ret ud fra teksten selv dette "lave" om guderne, sådan som teksten klart siger. Vi læser jo heller ikke noget eksempel på at de blev straffet på grund af noget billede eller alter med mindre de tilbad dem. Selv *kobberslangen* som Moses lavede (4 Mos 21,8), blev stående lige til Hizkija gjorde ende på den, og det ene og alene, fordi den blev tilbedt (2 Kongebog 18, 4).

I tillæg til dette har jeg et mægtigt ord i 3 Mos 26, 1: "I må ikke lave jer afguder; gudebilleder og stenstøtter må I ikke opstille, og sten med relieffer må I ikke anbringe i jeres land og tilbede, for jeg er Herren jeres Gud." Hvad mere skal der til? Her mener jeg at teksten tolker sig selv klart nok og viser, at det er tilbedelsen, det drejer sig om. Det er jo for at de ikke skal tilbede, at han forbyder afguder og stenstøtter, derfor er det hævet over tvivl at de godt kunne lave og oprejse sådanne ting, blot de ikke tilbad det. Hvorfor skulle det ellers være nødvendigt med tilføjelsen om det at tilbede? Følgelig må "lave" også i det første bud gå på tilbedelsen og ikke på noget andet. På samme måde forholder det sig med udsagnet som forbyder at lave billeder i 5 Mos 4. Også her er det klart nok tale om tilbedelsen.

Dette har vi også eksempler på i Det Gamle Testamente, for Josva rejste op en stenstøtte under en eg i Sikem, til vidnesbyrd osv., Josva 24, 26, til trods for at 3 Mos 26, som vi citerede ovenfor, havde forbudt at oprejse sådanne stenstøtter, og det lige så kraftig som billederne. Men fordi det var en sten til vidnesbyrd og ikke til at tilbede, handlede han ikke i strid med budet. Ligesådan oprejste også Samuel en sten og kaldte den Hjælpe-stenen, 1 Samuel 7, 12, skønt det som sagt var forbudt. Men fordi det var en mindesten og ikke en sten til at tilbede ved, begik han ingen synd.

Som om ikke det var nok, har vi også Josva 22, 21 ff., hvor Ruben, Gad og Manasses efterkommere laver et stort alter ved Jordan. Det gjorde hele Israel ængstelig, så de sendte budbærere derhen i stort alvor, som om et alter var oprettet i strid med Guds bud. Det var jo også forbudt. Men se blot, hvordan de undskyldte sig. *Altret fik lov til at blive stående, da de hørte, at det ikke drejede sig om at tilbede eller ofre ved det, men at det var et mindealter.* Men hvis det havde været uret at lave et alter, og hvis Guds bud skulle forstås så stramt at det også omfattede fremstillingen, ville de have sat ild til altret og brændt det til aske, ellers havde de ikke undgået at synde. Det havde de faktisk også til hensigt. Nu er det at fremstille altre lige så kraftig forbudt som det at lave billeder. Kan man nu lave altre og specielle sten og sætte dem op på en måde som lader Guds bud blive stående, fordi tilbedelsen udelades, så må mine billedstormere også lade mig beholde et krucifiks eller Maria-billede til at bære med mig eller se på. Ja, selv et afgudsbillede, og det efter den allerstrengeste Moselov, *så længe jeg ikke tilbeder det*, men har det som et minde.

Men jeg undrer mig over, hvad disse jødiske hellige, som hænger så hårdt fast ved Moseloven og tordner mod billederne, gør med guldet og kostbarhederne som billederne står på? Jeg hører nemlig at de har masser af guld og kostbarheder, så man i Joachimstal præger Joachim på mønterne. 6 Jeg kunne godt tænke mig at råde til at man hjælper de store hellige bort fra synderne og tager guld- og sølvmønterne og bægrene fra dem. For selv om de er fjendtlig indstillet mod billederne, er det grund til at frygte for at de endnu ikke er blevet så forfinet eller er kommet så langt i "studering" og "forundring" og "bestænkning" 7 at de af sig selv kan klare at kaste det væk og skille sig af med det. Måske er den menneskelige natur fortsat så svag at heller ikke den levende stemme fra himmelen er tilstrækkelig. Der må nok nogle gode, kraftige karle til, som ellers ikke ville have meget at leve af.

Endnu en fejl er der ved disse billedstormere: På eget initiativ, uden ordnet myndighed, farer de afsted. Tilsvarende står deres profeter og skriger og hisser pøbelen op og siger: Hej, hug løs, riv ned, bid, slå, bryd i stykker, stik, stød, træk, kast, giv gudebillederne en på nøden.

Ser du et krucifiks, så spyt på det, osv. Det er at afskaffe billederne på Karlstadt-maner, at gøre pøbelen vild og gal og i al hemmelighed at gøre den i stand til oprør. Og de plumper ret i og mener at nu er de blevet store helgener. De bliver så stolte og frække, at det går over alle grænser. *Men når man ser det hele i fuldt dagslys, så er det intet andet end en lovgerning, iværksat uden ånd og tro, men sådan at den skaber hovmod i hjertet* som om indsatsen skulle have gjort dem til noget helt enestående i Guds øjne. Det er atter at lære gerningerne og den frie vilje så det forslår!

I 2. Mos 18 læser vi imidlertid at Moses indsatte fyrster, embedsmænd og verdslig øvrighed, før han gav loven, og mange steder lærer han, at man skal håndhæve retten i alle sager, lytte til vidner og holde ordentlige forhør, afsige dom og straffe. Hvad var det ellers de skulle være til, dommerne og de overordnede i landet? Dette hopper min gode Karlstadt bestandig hen over, og det Moses påbyder, adresserer han til pøbelen og lærer den at ture frem uden nogen som helst orden, som svinene gør. Når så sker, er det og kaldes det med rette en *partiånd og oprørsånd*, som foragter øvrigheden og slår til på egen hånd, som om de var herrer i landet og over loven. Hvis man tillader at pøbelen uden øvrighedens medvirkning løber storm mod billederne, så må man også tillade at gud og hver mand tager sig til rette og dræber ægteskabsbrydere, mordere, ulydige osv. For Gud gav Israelsfolket lige så klare påbud om at slå ihjel som om at afskaffe billederne. Du store verden hvilket smukt system og samfundsstyre der skulle komme ud af det! Derfor er det også at jeg har sagt, at nok er ikke Karlstadt nogen mord-profet, men han huser en oprørsk, morderisk partiånd, som nok gerne for løs, hvis den fik chancen.

I Det Gamle Testamente læser vi imidlertid alle vegne at når billeder eller afgudsstøtter blev afskaffet, så var det ikke pøbelen, men øvrigheden, som stod for det. Sådan gik det til da Jakob nedgravede afgudsstøtterne i sin husstand (1 Mos 35, 4). På samme måde smadrede Gideon Ba'als-altret, da Gud havde sat ham til fyrste (Dom 6, 27f), og det var Jehu, kongen og ikke pøbelen, som knuste Akabs Ba'al (2 Kong 10, 26ff). Sådan gjorde Hizkija også med kobberslangen (2 Kong 18,

4), ligeså Josija med altret i Betel (2 Kong 23, 15). Af alt dette kan man let se, at når Gud påbyder fællesskabet at gøre noget og kalder på folket, så vil han ikke at det er pøbelen som skal gøre det uden øvrighedens medvirkning, men at det er øvrigheden, som skal gøre det under folkets medvirkning. Det er for at ikke hunden skal lære at spise på lædremmen, dvs. for at de ikke gennem sagen med billederne skal vænne sig til at rotte sig sammen mod øvrigheden også. Man skal ikke male Fanden på væggen.

Nu lever vi under vore fyrster, herrer og kejsere og må i det ydre rette os efter deres lover i stedet for Moseloven. Derfor skal vi holde os i ro og i al tålmodighed anmode dem om at afskaffe billederne. Vil de ikke gøre det, så har vi alligevel Guds ord i og med at vi støder dem ud af hjerterne, mens vi venter på, at de også skal blive fjernet med hænderne og i det ydre af dem som har retten til det. Men når disse profeter hører dette, så kalder de det ”papistisk” og ”fyrstesmiskeri”. Men når de vækker pøbelen til kaos og får den til at rotte sig sammen, da heder det ikke smiskeri. Men det skal åbenbart ikke regnes som smiskefrit med mindre vi lærer pøbelen at slå fyrster og herrer ihjel. Men når det gælder spørgsmålet om jeg er papist og fyrstesmisker, så forekommer mig paven og fyrsterne selv at være redeligere vidner end denne løgner, som fremsætter påstande i strid med det, han vel véd at hele verden kender til.

Lad dette være sagt om billederne ud fra Moseloven i dens strenghed. Ikke sådan at forstå at jeg ønsker at forsvare billeder, som jeg ofte nok har sagt, men for at de mordlystne ånder ikke skal få lov til at lave synd og samvittighedsnød, hvor det ikke er grundlag for det og begå unødvendigt sjælemord. *For selv om hele billedspørgsmålet i og for sig er en bagatel, så bliver det en særdeles vigtig sag i det øjeblik man vil bruge det til at tynge samvittighederne med synder, som om det var Guds lov.* Da ødelægger det nemlig troen, skænder Kristi blod, fordømmer evangeliet og tilintetgør alt det, Kristus har vundet for os. Sådan bliver denne Karlstadt-elendighed ikke mindre, når det gælder at forstyrre Kristi rige og den gode samvittighed end pavedømmet var med sine forbud mod mat og ægteskab og andre ting som var frie og

20

uden synd. At spise og drikke er jo også bagatelmæssige ydre ting, og alligevel tager de livet af sjælene, når man snører samvittighederne ind i dem gennem lovbud.

Ud fra dette må nu enhver mærke sig, hvem det er af os to som lærer allermest kristelig. *Jeg vil have samvittighederne og sjælene løst og befriet fra synder, hvilket er et ret, åndelig evangelisk forkynderembede.* Karlstadt vil tage dem til fange med lovbud og tynge dem ned med synder uden nogen som helst grund. Det er ikke engang med Guds lov, men med sine egne tågetanker og frække påfund, han belaster dem. Derfor er han ikke blot langt borte fra evangeliet, nej, han er heller ikke nogen Moses-lærer, og alligevel går han stadig omkring og vifter med "Guds ord", "Guds ord", som om noget bliver Guds ord blot man er i stand til at sige "Guds ord". Men det er som det plejer at være: De, som er travlt optaget af at påberåbe sig Guds ord, har ingenting at fare med. Sådan har det også været med de pavelige tyranner til denne dag.

Men for nu *at tale evangelisk om billederne* vil jeg erklære og fastslå at ingen har pligt til at gå løs på billeder - ikke engang billeder af Gud selv med næverne. Det står ganske frit, og ingen gør nogen synd, om han ikke slår dem i stykker med næverne. Derimod har man pligt til at slå dem i stykker med Guds ord, vel at mærke ikke med loven på Karlstadt-vis, men ved evangeliet, sådan at man underviser samvittighederne og oplyser dem om, at det er afgudsdyrkelse at tilbede dem eller sætte sin lid til dem, for det er ene og alene Kristus, man skal sætte sin lid til. Derefter skal man lade dem være, hvad det ydre angår, hvad enten Gud lader det ske, at de bliver slået i stykker, ramler sammen af sig selv eller bliver stående. Det er ligegyldigt og berører os ikke, akkurat som en slange er ligegyldig, når man har trukket giften ud af den. Dette siger jeg imidlertid for at holde samvittighederne klar af gudløse love og fantasisynder og ikke fordi jeg vil forsvare billederne eller dømme dem, som ødelægger dem, især ikke dem, som ødelægger gudebilleder eller billeder, som er beregnet på at tilbedes. Mindebillederne eller de billeder, som er ment at være vidnesbyrd, så som krucifiks og helgenbilder, har vi ovenfor vist at til og med Moses giver dækning for, at man godt kan godtage også efter loven. Ja, ikke blot godtage - når de tjener til påmindelse og vidnesbyrd, fortjener de endda ros og respekt sådan som mindestenene fra Josva (Josva 24, 27) og Samuel, (1 Sam 7, 12).

Om man derfor ville sønderbryde og ødelægge billederne i Eichen, Grimmental og Birnbaum og andre steder med tilsvarende tilstrømning (det drejer sig jo om rigtige afgudsbilder og Satansherberger), så er det al ære værd. Men at de skulle synde, som ikke bryder billeder i stykker, det er at gå for langt i forkyndelse og drive de kristne for vidt. De gør nok, når de drager til kamp mod dem med Guds ord. Måske vil du indvende: Men når de bliver stående, så vil alligevel enkelte tage anstød af det og løbe derhen. Svar: Ja, hvad kan jeg gøre fra eller til med det? *Som kristen har jeg ingen magt i denne verden.* Jeg kan indsætte en forkynder der, som kan undervise folk eller gøre at billederne bliver fjernet på ordentlig måde, ikke med sværmeri og angreb.

Godt, lad os gå lige på sagen og give besked om at disse synds-forkyndere og Moses-profeter skal lade være at forvirre os med Moses. *Vi vil hverken se eller høre noget til Moses.* Hvad siger I til det, kære sværmere? Vi siger videre, at alle sådanne Moses-lærere fornægter evangeliet, fordriver Kristus og ophæver hele Det Nye Testamente. Nu taler jeg som en kristen til kristne. *Moses er nemlig givet til jødefolket alene og vedkommer ikke os hedninger og kristne overhovedet.* Vi har vort evangelium og vort Nye Testamente. Hvis de ud fra det vil bevise at billeder skal afskaffes, følger vi dem gerne. Vil de derimod lave jøder af os ved hjælp af Moses, så finder vi os ikke i det.

Ja, hvad mener I? Hvor bærer dette hen? Det bærer derhen, at man skal se at de ingenting forstår i Skriften, disse sværmere, hverken Moses eller Kristus. De leder ikke efter noget andet og finder heller ikke noget andet end sine egne drømme. Det, vi her lægger til grund, er ordene af Paulus i 1 Tim 1, 9: "For den retfærdige (som, en kristen jo er) gælder ingen lov." Og Peter i ApG 15, 10: "Hvorfor udæsker I da Gud ved at lægge et åg på disciplenes nakke, som hverken vore fædre eller vi har magtet at bære? Men vi tror, at vi bliver frelst ved Herren Jesu nåde på samme måde som de". *Med dette udsagn ophæver Peter (akkurat som Paulus) hele Moses og alle hans lovbud for de kristnes vedkommende.*

Javel, siger du, det er nok rigtig, når det gælder bestemmelsen om *ceremonier og retsregler*, altså det Moses lærer om den udvendige gudstjeneste og det udvendige samfundsstyre. Dekalogen derimod, det vil sige De Ti Bud, er ikke ophævet, for i den står det ingenting om ceremonier og retsregler. Mit svar er dette: Jeg ved meget godt at dette er en almindelig måde at skelne på, som har gammel tradition. Det er imidlertid en skelnen, som er gjort med uforstand, *for det er fra De Ti Bud, de flyder ud og afhænger, alle de andre bud og hele Moses.* For det er, fordi han vil være Gud alene og ikke have andre guder osv., at han har fastsat så mange og mange slags ceremonier eller gudstjenester. Dermed har han udlagt det første bud gennem dem og lært hvordan det skal holdes. Ligeså er det, fordi han vil, at man skal adlyde forældrene, ikke skal bryde ægteskabet, slå ihjel, stjæle eller aflægge falskt vidnesbyrd at han har givet retsreglerne eller reglerne om samfundsstyret, sådan at disse bud er blevet forstået og holdt.

Derfor er det ikke sandt, at der ikke findes ceremonielle bud eller retsregler i De Ti Bud. De er der og afhænger af dem og hører sammen med dem, alle sammen. Og for at give en pegepind om det, har Gud selv indsat to ceremonielle bud der, og det ganske udtrykkelig, nemlig billedforbudet og sabbatsbudet. *Jeg vil bevise at disse to dele er ceremonielle bud, og at de er ophævet i Det Nye Testamente.* Så kan man jo se, hvordan Karlstadt i sin bog om sabbatten behandler dem lige så klogt som billede-spørgsmålet. Paulus siger jo klart og ligeud i Kol 2, 16-17: "Lad ikke nogen dømme jer på grund af mad eller drikke, eller på grund af fester eller nymåne eller sabbatter. Det er kun en skygge af det, som skal komme". *Her ophæver Paulus jo sabbatten helt udtrykkelig og kalder den en skygge, som hører fortiden til, fordi legemet, som er Kristus selv, er kommet.*

Ligeså heder det i Gal 4, 10-11: "I overholder dage og måneder og tider og år. Jeg er bange for, at jeg har slidt forgæves for jer". Her kalder han det bortkastet arbejde at holde højtider og fester, hvilket også indbefatter sabbatten. Det samme har også Esajas forkyndt tidligere i Es

66, 23: "Sabbat skal følge på sabbat, og nymåne på nymåne." Det vil sige: I den nye pagt skal det være sabbat daglig og ingen forskel på tider. De fortjener tak, både den fromme Paulus og Esajas, fordi de så lang tid på forhånd har reddet os fra sværmerne. *Ellers havde vi været nødt til at sidde hele sabbatten med hovedet i hænderne og vente på stemmen fra Himlen*, sådan som de gøgler. Ja, om Karlstadt havde fortsat at skrive om sabbatten, så havde søndagen måttet vige igen, og sabbatten, der er lørdagen, blive fejret. I alle forhold ville han have gjort os til jøder, sådan at vi også måtte lade os omskære, osv.

Det er nemlig sandt, og ingen kan gøre noget fra eller til med det: Den, som holder eller gør det til en nødvendighed at holde ét af budene i Moseloven som Mose lov, han må holde dem alle som nødvendige påbud. Det er den slutning Paulus trækker, når han i Gal 5, 3 siger: "Den som lader sig omskære, er forpligtet til at holde hele loven." Derfor vil også den, som slår billeder i stykker eller fejrer sabbat (det vil sige, som lærer at det er nødvendigt at holde disse bud), måtte lade sig omskære og holde hele Moses. Det ville man ganske sikkert også være blevet tvunget til at gøre, lære og holde med tiden, hvis man havde givet spillerum for disse ånder. Men nu gør de ved Guds nåde akkurat sådan, som Paulus siger i Gal 6, 13 "De, der lader sig omskære, holder ikke engang selv loven, men de vil have jer omskåret for at kunne være stolte af det, der sker på jeres krop." På samme vis er det med billedknuserne, de holder ikke loven selv. For de andre bud er de ligeglad med. Desuden sker ødelæggelsen også uden ånd, som en gerning. Kristus, lovens opfyldelse, mister de. Det eneste de er på jagt efter, er at høste lovord hos os for flot og mesterlig forkyndelse.

At det med billederne i det første bud også er en ceremoni her i tiden, er noget Paulus bekræfter, når han blandt andet i 1 Kor 8, 4 siger: "Vi ved, at det ikke findes nogen afguder til i hele verden." Tilsvarende siger han om omskærelsen i 1 Kor 7, 19: "Omskærelsen er ingenting." Det vil sige: Den er en frivillig sag og binder ikke nogen samvittighed, sådan som han selv gennemgående taler om friheden i samme afsnit. Men man må trodse både Paulus og alle engle, når de kalder det for ingenting eller frit, som Gud har påbudt så strengt som sværmerne foregiver. For Guds bud skal man ikke holde for ligegyldige eller ingenting, som Moses siger i sin femte bog (5 Mos 5, 32f.). Det gælder liv eller død.

Han taler besynderlig, når han siger, at det ikke findes afguder til i verden, det vil sige: I det ydre. Afguder er nemlig ingen spøg i Guds øjne, nemlig når det drejer sig om afguderne i hjertet, den falske retfærdighed, gerningspral, vantro og alt det andet, så vantroen har taget Kristi plads i hjertet. Det er, som om han vil sige, at jøderne vel skyr afguderne i det ydre, i verden, men har hjertet fuldt af afguder i Guds øjne. Tilsvarende siger han jo om dem i Rom 2, 22: "Du som har afsky for afguderne, du fratager alligevel Gud den ære, Han har krav på." Med disse ord udlægger han på en fin måde det første bud, som siger: "Du må ikke have andre guder end mig," (2 Mos 20, 3). Det er, som om han ville sige: Det, som er afguder i dine egne eller verdens øjne, er ingenting, men det som er det i mine øjne, det vil sige i hjertet, sådan at du tilbeder dem eller fæster lid til dem, det vil jeg ikke have noget af.

Når nu Paulus i brevet til korinterne erklærer alle disse tre ting som frie og uden betydning, afguderne, afgudstemplerne og afgudsofferkød - ting som trods alt er klart forbudt i det første bud og de bud, som følger af det - er det skinnende klart og med al ønskelig styrke bevist, at det med billederne i det første bud er en *tidsbegrænset ceremoni, som er ophævet i den nye pagt.* For hvis jeg med god samvittighed kan spise og drikke det, som er ofret til afguderne og sidde og bo i et afgudstempel, sådan som Paulus lærer, så kan jeg bestemt også tåle afgudsbilledet og lade det i fred, som noget der ikke har nogen betydning eller skader min samvittighed og tro.

Det er nu ikke blot Paulus, som har forkyndt dette. I Det Gamle Testamente har profeten Elisa sat et aldeles fremragende eksempel på det samme, når han i 2. Kongebog 5, 18f. giver hærføreren Na'aman fra Syriens tilladelse til at tilbede den sande Gud i templet for Remmon, Syriens afgud - og det under Moses og stik imod Moses (sådan som vore sværmere vil forstå Moses). Hvis nu det første bud skulle overholdes med Karlstadts strenghed, så skulle hverken Na'aman have gjort dette eller profeten have tilladt det. Det må jo være strengt forbudt at gå ind i et afgudstempel og tilbede foran et afgudsbilde, om det aldrig så meget er den sande Gud man tilbeder - især når man tager i betragtning, at Gud så strengt gav jøderne påbud om at de heller ikke for at tjene og tilbede Ham skulle rejse altre, billeder og afgrænse bestemte steder uden Hans udtrykkelige befaling. Med endnu meget større strenghed byder Han, at man skal tjene og tilbede Ham frem for andre guder! Af dette kan man nok en gang se, at det også i Det Gamle Testamente er sådan, at de skabte afguder ikke gør nogen skade, om man aldrig så meget tilbeder foran dem i det ydre, så sandt det blot er den sande Gud, man tilbeder i hjertet. Og så kommer vore sværmer her og vil fange og baste og binde os frie kristne, sådan at vi ikke engang skulle kunne tåle en eneste afgud uden at synde!

Men om nu billedstormerne ikke er villige til at vise nogen medynk med os, så beder vi alligevel om, at de lader nåde gå for ret, når det gælder vor herre Jesus Kristus og ikke spytter på ham og siger, som de gør til os: ”Væk med dig, din afgudsdyrker!” De tre evangelister Matthæus, Markus og Lukas skriver jo at han af farisæerne tog imod mønten med kejserens billede på, den mønt, man bruger til at betale skat med. Han spurgte hvem det var billede af og gav ordre om at give den til kejseren. Hvis det nu var forbud mod alle slags billeder, så skulle jøderne hverken have overrakt ham noget eller selv gjort brug af noget. Langt mindre skulle Kristus have taget imod det eller ladet det passere ustraffet, det drejede sig jo om billedet af en hedning! Ligeledes måtte han have gjort sig skyldig i en synd da han i Matt 17, 27 gav Peter ordre om at tage en sådan mønt ud af munden på fisken og betale skatten med den. I det tilfælde må han jo til overmål selv have skabt og lavet billedet på mønten i fiskens mund sammen med mønten. Det guld som de hellige tre konger ofrede til Kristus, går jeg også ud fra var mønter med billeder på, sådan som skikken er i alle lande. Ligesådan var det vel med de to hundred mønter, som disciplene ville købe brød for i Joh 6, 7, og de penge alle fædrene og de hellige har brugt til at handle for.

Nu er det ikke mere vi beder om, end at man skal lade os beholde et krucifiks eller helgenbilde til at se på, til vidnesbyrd, til påmindelse, til et tegn sådan som tilfælde var med billedet af kejseren. Skulle vi ikke kunne beholde et krusfiks eller Maria-billede uden synd fra vor side, når det for jøderne og for Kristus selv var muligt at gøre det med billedet af en hedning og død kejser som hørte Djævelen til? Ja, ikke nok med det: Kejseren havde ladet billedet præge på mønten til sin egen ære. Vi derimod søger hverken at vinde eller at vise nogen ære ved det. Alligevel skal vi fordømmes så voldsomt for det, mens Kristus ikke rammes af fordømmelsen, skønt billedet i hans tilfælde var så skrækkelig og skændig.

Vil du her indvende: Du vil da vel ikke sige at det første bud er ophævet, at man skal have en Gud? Eller at man ikke skal lade være at bryde ægteskabet, slå ihjel eller stjæle? Svar: Det jeg har snakket om, er Moseloven i egenskab af Moselov. *Det at have en Gud er nemlig ikke noget Moseloven er alene om, det er også en naturlig lov,* sådan som Paulus siger i Rom 1, 19 flg. Hedningene kender til guddommen, de véd, at det findes en Gud. Det viser også praksis, når de har lavet sig guder og indstiftet gudstjenester. Det havde jo været umuligt, hvis de ikke havde haft kundskab eller tanker om Gud: Men Gud har åbenbart det for dem gennem sit værk osv., Rom 1, 20. At hedningene så har taget fejl af den sande Gud og tilbedt afguder i Guds sted, er ikke noget at undres over. Jøderne tog jo også fejl og tilbad afguder i Guds sted, til trods for at de havde Moseloven. Og fremdeles tager folk fejl med herren Kristus, til trods for at de har Kristi evangelium.

Det er heller ikke blot Moselovens bud, at du ikke skal slå ihjel, bryde ægteskabet, stjæle osv., nej, det er også den naturlige lov, som står skrevet i enhvers hjerte, sådan som Paulus lærer i Rom 2, 15. Kristus selv sammenfatter også i Matt 7, 12 alle profeterne og loven i denne naturlige lov: "Alt, hvad I vil, at mennesker skal gøre mod jer, det skal I også gøre mod dem. Sådan er loven og profeterne". Det samme gør Paulus i Rom 13, 9, når han samler alle budene i kærligheden, som naturens lov også lærer på naturlig vis: "Du skal elske din neste som dig selv." Ellers, hvis det ikke af naturen havde stået skrevet i hjertet, ville man have måttet lære og forkynde bud både længe og vel før samvittigheden havde taget imod det. Den må også finde og kende det hos sig selv, ellers ville den ikke give nogen reaktion hos nogen. *Rigtignok blænder og besætter Djævelen hjerterne sådan, at de ikke kender denne loven til enhver tid, og derfor må man skrive den ned og forkynde den lige til Gud giver det virkning og oplyser folk, sådan at de erfarer det, ordene siger i hjertet.*

Der hvor nu Moseloven og den naturlige lov er et og det samme, der bliver loven stående og bliver ikke ophævet i det ydre, men blot på åndelig vis gennem troen, som på sin side ikke er noget andet end opfyldelsen af loven. Rom 3, 31. Det behøver vi ikke gå nærmere ind på her, det er sagt nok om det andre steder. Men billedspørgsmålet, sabbatten og alt det andet som Moses har fastsat i tillæg til og ud over den naturlige lov, det er *en frivillig sag*, det er sat ud af kraft og ophævet, fordi den naturlige lov ikke har det. Det er påbud, som blot er givet specielt for det jødiske folk. Med dem forholder det sig ikke anderledes end når en kejser eller konge fastsætter egne lover og forordninger i sit eget land, som lovbogen "Sachsenspiegel" i Sachsen, samtidig som de almene, naturlige love alligevel har gennemslagskraft og bliver stående ved lov i alle lande, som f.eks. det at ære sine forældre, ikke slå ihjel, ikke bryde ægteskabet, dyrke Gud. *Derfor skal man lade Moseloven gælde som jødernes Sachsenspiegel og lade være at forstyrre os hedninger med den.* Frankrig bekymrer sig jo heller ikke om Sachsenspiegel, men ikke desto mindre stemmer de godt overens med den i den naturlige lov.

Hvorfor holder og forkynder man da De Ti Bud? Svar: Fordi de naturlige love ingen andre steder er givet en så fin og god form som hos Moses. Derfor er det med god grund, man henter eksempler fra Moses.

Jeg skulle gerne have set at man *i verdslige sager hentede flere eksempler fra Moses,* som bestemmelsen om skilsmissebrev, om jubelår. om sabbatsår, om tiende og den slags. Verden ville have blevet bedre regeret ved sådanne lover end den nu bliver ved afgifter, salg og frigivelsesregler. Det ville være akkurat, som når et land tager eksempel af lovene i et andet land, sådan som romerne gjorde, da de overtog tolv-tavleloven fra grækerne. *Når man også fejrer sabbatten eller søndagen; er det ikke fordi det er nødvendigt eller fordi det er påbudt af Moses, nej, det er fordi naturen også viser og lærer os, at man indimellem må tag det med ro en dag, sådan at både mennesker og dyr kan komme til hæg-terne igen.* Det er også denne naturlige årsag som ligger bag det sab-batsbudet Moses gav. I lighed med Kristus i Mat. 12, 1 ff. og Mark 3, 2ff., placerer han sabbatten midt iblandt mennesker. Er det blot for hvilens skyld, den skal overholdes, er det klart at den, som ikke har behov for hvilen, kan bryde sabbatten og *hvile en anden dag i stedet*, som det nu passer. En anden grund til at man skal holde den, er at man skal forkynde og høre Guds ord.

For øvrig findes det endnu langt bedre sager hos Moses, nemlig *profetierne og løftet om den kommende Kristus*, sådan som Paulus siger i Rom 3, 21 flg. Ligeledes er verdens skabelse at finde der, hvor ægte-skabet kommer fra og mange kostelige eksempler på troen, kærlighe-den og alle dyderne. Tilsvarende er der eksempler på vantroen og umoralen, og *af dette lærer man både Guds nåde og Guds vrede at kende.* Alle disse ting er skrevet ikke blot for jødernes skyld, men også for hedningenes. Der står jo meget om vantro og hedninger også. Så-dan at alle disse ting kan tjene til eksempel og lærdom for hele verden. Moseloven derimod angår blot jøderne, bortset fra de tilfælde, hvor hedningene frivillig har givet sig ind under den og antaget den. Da kal-der man dem jødernes forbundsfæller. Paulus siger jo i Rom 9, 4 at det var til jøderne loven, pagten og løfterne blev givet. Og i Salme 147, 19-20 heder det: ”Han forkynder sit ord for Jakob, sine love og bud for Israel. Det har han ikke gjort for noget andet folk, de kender ikke hans bud.”

Jeg har for resten selv set og hørt billedknuserne læse i min tyske bibeloversættelse, derfor véd jeg også, at de har den i sit eje og læser den, sådan som man let kan se spor af i den måde de ordlægger sig på. Nu findes det rigtig mange billeder i de bøger, både af Gud, englene, mennesker og dyr, særlig i Johannes' Åbenbaring og Moses og Josva. Følgelig beder vi dem nu i al venskabelighed, om de ikke også kan unde os at gøre det, som de selv gør, *sådan at vi også kan få lov til at male sådanne billeder på væggene, sådan at vi kan huske og forstå tingene bedre.* De kan jo ikke gøre større skade på væggene end i bøgene, og det må da være bedre, at man maler, hvordan Gud skabte verden, hvordan Noa byggede arken og andre gode historier end at man maler en eller anden verdslig, skamløs sag på væggene. *Ja, Gud give at jeg kunne overtale herremænd og rige folk til at lade hele Bibelen male på husene, både indvendig og udvendig, det ville have været en kristen gerning.*

Jeg véd også med sikkerhed, at Gud vil, at man skal høre og læse om Hans værk, især om Kristi lidelse. Men hvis jeg skal høre det og tænke på det, så kan det ikke ske på anden måde end at *jeg danner mig et billede af det i hjertet.* For enten jeg vil det eller ej, så danner det sig, når jeg hører om Kristus, i mit hjerte billedet af en mand, som hænger på korset. Det er akkurat som jeg helt naturlig ser mit ansigt i vandet, når jeg ser ned i det. Men hvis det ikke er synd, men en god ting at jeg har billedet af Kristus i hjertet, hvorfor skulle det da være synd at have det i øjnene? Hjertet er da vigtigere end øjnene og skal som Guds retmæssige sæde og bolig endnu mindre plettes til med synder.

Men jeg må afbryde her, ellers ville jeg blot blive årsag til at billedknuserne aldrig mere læser Bibelen eller søger at kaste den på bålet og river hjertet ud af brystet på sig, sådan som de hader billederne. Disse påpegninger har jeg blot gjort, for at man skal kunne se, hvad fornuften afstedkommer, når den vil være klog og gøre sig til mester i det, som har med Guds ord og gerninger at bestille. Og hvordan det har sig med det praleri, Karlstadt stadig fører i høje toner, om at han ejer Guds ord og må lide så meget på grund af Guds ord. Ja, Djævelen må sagtens også lide meget på grund af Guds ord, ikke fordi han holder det ret, men fordi han fordrejer det og bruger det til at forstærke sin ondskab og løgnagtighed, sådan som Karlstadt også gør.

Havde jeg haft tid til det, kunne jeg gerne have taget fornøjelsen af en omgang med Satan og stoppet de udsagn, han henter ud af Skriften og fremsætter i Karlstadts bog, ned i halsen på ham igen, så han måtte skamme sig. Der har jeg nemlig taget ham på fersk gerning og ser vel, hvor mageløst Gud kan holde Djævelen for nar. Men jeg har andre ting at gøre. Den, som ikke vil lade sig belære af det, som er anført, må fare løs og storme billeder, så længe han lever. Jeg har gjort mit.

Til slut må jeg nævne et eksempel i denne sammenhæng, i håb om at Karlstadt måske vil kende det igen og skamme sig en smule over, at han har givet sine disciple så smuk oplæring. Da jeg var i Orlamünde og drøftede billedspørgsmålet med de gode folk der, og havde påvist ud fra teksterne, at alle de udsagn, som blev hentet frem fra Moses, handler om afgudsbilder som er genstand for tilbedelse, da trådte en frem og ville være klogest af samtlige. Han sagde til mig: Hør her, du - ja, jeg kan vel sige du til dig, så sandt du er en kristen? Jeg sagde: Kald mig lige, hvad du vil. Allerhelst havde han nok slået til mig også, for så fuld var han af Karlstadt-ånd, at de andre slet ikke kunne få ham til at tie stille. Han fór videre og sagde: Om du ikke vil følge Moses, så må du i hvert fald tåle evangeliet. Du har fejet evangeliet under bordet. Men ikke denne gang. Det skal frem og ikke blive liggende under bordet.

Jeg svarede: Hvad er det, evangeliet siger da? Han sagde: ”Jesus siger i evangeliet - jeg husker ikke, hvor det står, mine brødre véd det nok - at bruden må tage natskjorten af og være nøgen, hvis hun skal sove hos brudgommen. Derfor må man knuse alle billeder, så at vi bliver af med skabningen og bliver rene. Sådan talte han. Hvad skulle jeg gøre? Jeg var havnet blandt Karlstadts disciple og lærte dengang til og med, at det at knuse billeder var det samme som at tage natkjolen af bruden, og at det skulle stå i evangeliet. Den slags havde han, i lighed med ordene om ”at feje evangeliet under bordet”, hørt af sin læremester. Måske har Karlstadt beskyldt mig for at feje evangeliet under bordet, mens han er manden, som trækker det frem igen. Så stor en ære bringer manden ud i al ulykke og har flyttet ham fra lyset og ind i et mørke, som er så stort, at han angiver dette som grund til at gå til angreb på billeder, at bruden skal tage natkjolen af. Som om de skulle være frigjort fra det skabte i hjertet, blot fordi de buldrer på vej med billedknusning! Men hvad nu om brud og brudgom var så velopdragne, at de beholdt skorte og kjole på? Det ville næppe være nogen alvorlig hindring, hvis de først havde lyst til at komme sammen! Sådan går det imidlertid, når man mobiliserer den uopdragne pøbel. *For blot åndsfylde glemmer de almindelig borgerlig dannelse og skik og brug,* og frygter og ærer ikke længere nogen anden end sig selv. Det er, hvad Karlstadt ønsker. Det er alt sammen fine forløbere for bander og oprør, dette at man hverken frygter lov eller øvrighed. Lad dette være nok om billederne. Jeg mener at det er tilstrækkelig bevist, at Karlstadt slet ikke forstår Moses og blot *sælger sine egne drømmer som Guds ord.* Og at han agter den retmæssige øvrighed lavere end den uopdragne pøbel. Hvorvidt dette fremmer lydighed eller oprør, overlader jeg til hver enkelt at vurdere selv.

Om Karlstadts klage over at han er fordrevet fra Sachsen

Hidtil har vi set, hvad det er for slags gudsord Karlstadt fremholder og bruger til at ophøje sig selv og gøre sig til hellig martyr med. Nu vil vi se på, hvad det er for gudsværk han roser sig af, at han bliver så skrækkelig forfulgt for. Rigtignok skulle jeg helst have ønsket at han havde tiet om dette og ladet være at tvinge mig til at berøre hans modgang på denne måde. Men når han går løs på de sachsiske fyrster på en sådan måde, at han ikke engang kan lade være at skælde og smælde om det bånd, som de med al ære bærer på ærmet (så omhyggelig er forbitrelsen i hjertet, når det gælder at finde påskud til at spotte folk!), så må jeg efter evne forsvare min nådige herres ære. Sandelig har fyrsterne af Sachsen fortjent bedre fra Karlstadts side end at han skulle efterlade en sådan tak. Det véd han også udmærket selv. Nuvel, lad det stå, det skal nok ordne sig.

Først af alt vil jeg gerne sige, at jeg med kurfyrsten af Sachsen ikke har drøftet noget som helst vedrørende Karlstadt. Ja, i hele mit liv har jeg bare én eneste gang talt så meget som et ord eller hørt ham ytre et ord eller set ham ansigt til ansigt, og det var foran kejseren i Worms, da jeg blev forhørt for anden gang. Rigtig nok er det sandt, at jeg ofte har henvendt mig skriftlig gennem Spalatin og givet råd, især om at man skulle tage sig i agt for ånden fra Allstadt. *16* Men jeg vandt ikke noget gehør, og derfor ærgrede jeg mig meget over kurfyrsten. Lige til at selv samme ånd forsvandt af sig selv, uden at være fordrevet. Derfor skulle Karlstadt have haft al mulig grund til at vise hensyn over for en sådan fyrste og sætte sig godt ind i sagerne, før han skreg op og hængte ham ud for al verden i et smædeskrift. Og selv om det nu havde været sandt, at han var blevet fordrevet af kurfyrsten, så ville det ikke have været ret, langt mindre kristeligt, at hævne sig med smædeskrivning på denne måde. Først skulle man i al ydmyghed have spurgt efter grund og retmæssigheden og så have tiet stille og fundet sig i det. Det ville rigtignok være over evne for mig, som angivelig skal være bare kød. Er det også, desværre. Men den storartede ånd Karlstadt kan hverken gøre uret eller tage fejl. Han som er selveste Retten.

Med hertug Johan Frederik, min unge herre, har jeg talt om dette (det indrømmer jeg) og gjort opmærksom på Karlstadts frækhed og mangel på mådehold. Men siden ånden nu står sådan i lys lue, vil jeg gerne opregne grunde - enkelte af dem lægger fyrsterne af Sachsen ikke mærke til den dag i dag - til at jeg er glad for, at Karlstadt er ude af landet og ikke skal slippe ind igen, så langt det står til mig. Ja, til at han skulle ud herfra, om han havde været inde, så sandt han da ikke blev et andet menneske. Gud give at han blev! *Jeg vil ikke hykle for nogen fyrste, Gud hjælpe mig, men endnu mindre vil jeg godtage, at man anstifter sammensværgelser og ulydighed og foragt for den verdslige øvrighed blandt befolkningen.*

Først af alt: Min underdanige formaning og bøn til alle fyrster, alle herrer og al øvrighed er, som jeg tidligere også har gjort rede for, da jeg skrev mod ånden fra Allstadt, at de med al alvor ser til at gøre kort proces med sådanne forkyndere, som ikke lærer i stilhed, men trækker pøbelen til sig og bag øvrighedens ryg går løs med bare næver på egen hånd, stormer billeder eller ødelægger kirker. Uden tøven skal man forbyde dem adgang til landet eller behandle dem sådan, at de bliver nødt til at afstå fra dette. Med det vil jeg på ingen måde lægge hindringer i vejen for Guds ord, bare udstikke visse grænser og mål for modstanden fra disse hæmningsløse sværmere og banditånder. Det sømmer det sig, at den verdslige øvrighed gør det. Frem for alt i forhold til Karlstadt og hans folk, som er så forstokkede, at han overhovedet ikke vil lade sig vise til rette, men til alt overmål retfærdiggør og forsvarer sin forbrydelse.

Min begrundelse er denne: Ovenfor har vi hørt, hvordan Karlstadt og ligesindede billedstormere tolker budene i Moseloven, sådan at de henvender sig til ballademagerne og ikke til de lovlige myndigheder, sådan som ret er. Det er helt sikkert ikke nogen god og ret ånd, for - som før sagt - hvis pøbelen skal have magt og ret til sådan at håndhæve ét af Guds bud, så må man i næste omgang give plads og tillade, at den håndhæver alle budene. Da må de slå mordere ihjel, straffe ægteskabsbrydere, tyve og kæltringer alt efter, hvem som kommer først til. I så fald forsvinder alt som hedder magt og øvrighed, og det går som ordsproget siger: Giver man en skurk lillefingeren, tager han hele hånden. Hvad er det vi har øvrighedspersoner til? Hvad er det de bærer sværdet for, hvis pøbelen blot kan komme brasende og tage sig selv til rette på denne måde?

I næste omgang raser de så blot videre, så de må slå alle ugudelige ihjel. For i den sammenhæng i 5 Mos 7, hvor Moses giver påbud om at ødelægge afgudsbillederne, giver han også påbud om, at de uden barmhjertighed skal slå alle de folk ihjel, som opbevarede sådanne billeder i Kana'an. Denne henrettelse er nemlig lige så strengt påbudt som billedknusningen - det bud som disse banditter indfører og pukker så hårdnakket på. Moses gav imidlertid dette påbudet til et folk, som havde Josva til fyrste og havde en veludbygget øvrighed og var et godt folk. Dertil kommer at påbudet ikke omfattet alle ugudelige, men, som det fremgår helt tydeligt af teksten, blot hedningene i Kana'an, som fra Guds side var overgivet til døden på grund af deres ugudelighed. Edomitterne, moabitterne og ammonitterne, som jo også var ugudelige, undtog han. Dette Guds værk skete altså gennem folkets lovlige øvrighed, og det ramte sådanne som ikke mennesker, men Gud selv offentlig havde fældet dom over og befalet at slå ihjel.

Vores morderånder derimod, bliver drevet til oprør af dette bud, til at myrde og slå ihjel, som en indsats Gud har givet dem ordre om, og det af den grund at *de lader budet fra Moses rette sig til pøbelen.* Dertil kommer at de ikke har Guds dom over de ugudelige, men selv fælder den dom, at de er ugudelige og fortjener døden, de som bruger billeder. Se bare på eksemplet med ånden fra Allstadt, som meget hurtigt gik videre fra billederne til folkene og prædikede åbent oprør og mord på al øvrighed. Hvordan skulle det have kunnet gå anderledes? For da han først havde *bedt Djævelen til bords ved at lade pøbelen storme billederne uden ordnet magtudøvelse,* som om Gud havde påbudt at det skulle gøres, da måtte han tage skridtet videre og udføre nabobudet, som hænger sammen med dette og opfordre til at myrde folk. Og hvis jeg havde fulgt trop med ødelæggelse af billeder, så havde jeg også måttet gå videre og opfordre til at myrde folk. Budet står jo der og tvinger til at gøre det. Det er ikke billedangreb, Djævelen er interesseret i, mine kære herrer, han vil bare bruge det til at lave en åbning, så han kan anrette blodsudgydelse og myrderier i verden.

Nuvel, siger du, Karlstadt vil ikke myrde, det ser man af det brev, som folket i Orlamünde skrev til Allstadt-folket. Svar: Jeg var af samme tro, men den tro er det ude med. Nu spørger jeg ikke længere efter, hvad Karlstadt siger eller gør, for det er ikke første gang, han tager fejl i spørgsmål om, hvad som er sandt. Det jeg snakker om, er den ånd, de har, og som driver dem. Den er ikke god. Den har mord og oprør i sig. Selv om den bare sniger sig frem, så længe den ser, at der ikke er plads til den, som jeg videre skal bevise. For hvis - Gud forbyde det! - Karlstadt fik en stor folkemængde med sig, sådan som han havde tænkt sig at få det ved Saale, og hvis hr. Allemanden, nu hvor Bibelen bliver læst på modersmålet, begyndte at holde budet om at slå ihjel de ugudelige op for næsen af sig selv, hvad skulle han så gøre? Hvordan skulle han klare at sætte en stopper for det? Om han aldrig havde haft i sinde at give sit samtykke til dette, ville han være blevet nødt til at følge med på færden. De ville komme til at stå på og skråle og skrige så intenst ”Guds ord, Guds ord, Guds ord står der, vi må gå i gang!” Akkurat lige så intenst som han nu skriger sit ”Guds ord, Guds ord!”

mod billederne. Nej, min gode mand, med hr. Allemand skal man ikke lege. *Derfor er det, Gud har villet have en øvrighed, sådan at det kan gå ordentlig for sig i verden.*

Sæt nu at det var sandt og at jeg var nødt til at tro, at Karlstadt ikke har drab eller oprør i sinde. Alligevel måtte jeg sige, at han har en oprørsk og morderisk ånd, som minder om den fra Allstadt, så længe han insisterer på sin oprørske billedknusning og trækker den uopdragne pøbel til sig. Jeg ser godt, at han ikke hugger eller stikker egenhændig, men når han bærer drabskniven og ikke lægger den fra sig, stoler jeg ikke på ham. Måske ligger han bare på lur og venter på tid og sted til at sætte gang i det, jeg frygter for. Med drabskniven mener jeg vrangtolkningen og misforståelsen af Moseloven. Den stammer fra Djævelen, og gennem den hisses pøbelen op og bliver fræk og hovmodig.

Men måske siger du: Ej, han vil nok ikke være så stivsindet. Han vil nok lade sig tale til rette og holde sig ude fra den slags. Hvem da? Karlstadt? Javist ja. Den slags ord er han dygtig til at fremsige og udbasunere i skrifter: Han vil lade sig vise til rette og bøje sig for den, som ved bedre besked. Hvis det er hans alvor, så er jeg en guldklump! Hvornår er det sket, at han har givet efter for nogen eller bøjet sig? Hvor ofte har *Melanchthon* ikke formanet ham i Wittenberg, at han ikke skulle sværme sådan med Moses, med billederne, med messen og skriftemålet? Og da jeg vendte tilbage og prædikede mod billedknusningen og hans messe, hvorfor adlød han så ikke og holdt op? Ligeledes dengang dr. Justus Jonas og hr. Dietrich fra Bila mæglede mellem os, hvor meget gav han da efter og lod sig tale til rette? På grund af den sværmermesse, han dengang havde kogt sammen som en slags Helligåndens storværk, men som han nu fordømmer og selv ændre på, ville han til og med holde dommedag over mig.

På samme måde gik det til på kroen i Jena. Da snakkede vi om sagen, og han tilbød sig, at han skulle forsvare sin sag med fuld styrke, men pludselig gjorde han en grimasse, viftede mig væk med en håndbevægelse og sagde: "Jeg bryder mig ikke om Deres mening." Men om han nu ikke bryder sig om mig, hvem af os vil han så bryde sig om?

Eller hvad i al verden skal det være godt for, at jeg fortsætter at formane? Trods alt antager jeg, at han holder mig for at være en af de lærdeste i Wittenberg, og alligevel siger han ret op i ansigtet på mig, at jeg ikke er nogen at bryde sig om - og så foregiver han, at han vil lade sig vise til rette! Videre skriver han frit i øst og vest og dømmer det stakkels Wittenberg som fuldstændig uden betydning sammenlignet med ham selv. Nu må vi på ny hedde papister og i familie med Antikrist. På samme måde gik det til i Orlamünde. Da hofprædikant, magister Wolfgang Stein med al mulig mildhed og høflighed bad Karlstadt om at give efter, sad han blot og spidsede mund og gav et svar, som om han var fyrste i landet. Og det til trods for at magister Wolfgang var der i egenskab af udsending fra fyrsten, som han havde haft pligt til at adlyde, hvis han havde givet direkte ordrer. Sådan er det, man skal ære øvrigheden! Ja, havde det bare været pøbelen, det drejet sig om. Den slags eksempler på hans føjelige sind findes det mange flere af.

Disse eksempler har jeg kun fortalt, for at bevise at det ene og alene er falske ord, når Karlstadt tilbyder sig at blive undervist. Føjeligheden er bare noget, han foregiver og dækker over sit forstokkede sind med, mens han spotter både fyrsterne og mig. Det er heller ikke fin fremfærd i sager, som har med Gud at gøre, at forkynde og forelæse og så først bagefter stille spørgsmålet, om det er ret, det som siges. Enten er læren da forkert, eller også er spørgsmålet hykleri. Men er det hans alvor, så kan han bare holde op med sit sværmeri. I det foregående har jeg netop fremstillet billedvæsenet sådan, at han kan begribe, hvor han er på vildspor. Nu kan han lade sig vise til rette og markere sin afstand fra de himmelske profeter, så skal alt være slettet og glemt, og jeg skal gøre alt, jeg kan for ham. Jeg vil nemlig gerne have ham til ven, så sandt han vil. Vil han ikke, så må jeg lade Gud råde.

Af samme slags er påstanden om, at han har tilbudt sig at disputere, uden at man ville give ham lov til det. Herregud, hvordan kan et menneske stå frem og snakke mod sin egen samvittighed på den måde, og det offentligt? Skulle jeg eller nogen anden have nægtet ham at disputere, når ikke engang fyrsten og universitetet i fællesskab, med aldrig så mange breve og indstævninger, magtede at få ham til at komme til Wittenberg og holde de prædikener, forelæsninger og disputatser, han havde pligt til? Ikke nok med det, han føjer til: "Hvis jeg bare havde haft trygt lejde." Som om han skulle være utryg i Wittenberg, hvor han havde sin stand og stilling, og hvor man gerne ville have ham. Hvem ville gøre ham nogen? Det er alt sammen bare ord for at undskylde sig, om det da ikke skulle være sådan at hans samvittighed er begyndt at blive ræd, sådan som de ugudelige plejer at blive, hvor der ikke findes noget at være ræd for, nemlig for at han i Orlamünde skulle have grebet ind i landsfyrstens ejendom og ret. Men det skulle der heller ikke have været nogen grund til.

Hvis jeg havde været fyrste og havde ansat en doktor for at han skulle holde forelæsninger og prædike i min by eller mit område med løn fra mig, og han så drager andetsteds hen uden mit vidende og min vilje og ganske frejdig angriber det, som er min ret og ejendom, og når jeg så både selv og gennem mit universitet tilholder ham at opfylde sine pligter, og han bare fortsætter at gøre, som han selv finder for godt - på min ejendom og med betaling fra mig - og bagefter skriver brev til mig og beder om lejde, for at komme til min by for at disputere - til trods for at jeg for længst havde givet ham ordre om at komme, og han havde pligt til at gøre det - ja, hvad skulle jeg svare, når han holdt mig for nar på den måde? Og hvis jeg ikke gav noget svar, og han så lod offentliggøre et smædebrev mod mig, om at jeg ikke skulle have ladet ham disputere eller forhøre, hvad skulle jeg så tænke? I mit stille sind ville jeg have tænkt: Sikke en ærkekæltring! Ikke sådan at forstå, at jeg med dette vil skælde Karlstadt ud som en kæltring. Jeg vil bare vise, hvad fyrsten i et land kunne komme til at tænke i et sådant tilfælde, fyrsten er trods alt også et menneske.

Nej, det eneste som fejler, er, at han har haft *for eftergivne fyrster*. Det havde ikke været nogen kunst at finde fyrster, som havde ladet hovedet hoppe på en kold klinge både på ham og hans flok, hvis han havde udført sådanne ting med samme frækhed i deres område. Måske ville det ikke være forkert gjort. Derfor vil jeg råde Karlstadt til at lade være at genere fyrsterne og takke dem for, at de har ladet ham slippe væk så billigt, ellers kunne de til sidst blive nødt til at behandle ham strengere, sådan som han har gjort sig fortjent til.

En ikke uvæsentlig grund er desuden det forhold, at han støtter de himmelske profeter, som Allstadt-ånden er kommet fra, som man véd. Det er af dem, han lærer og sammen med dem, han holder sig. De lusker omkring i landet i al hemmelighed og sniger sig sammen i Saale, hvor de havde tænkt at bygge lejr. Det er ikke nogen andet, som står i hovedet på den afmægtige Djævel end at komme hid til vores område, hvor vi på forhånd har ryddet rum og skaffet tryghed gennem evangeliet. Det eneste han er interesseret i, er at svine til og ødelægge vores område, sådan som gøgeunger gør. Selv samme profeter påstår, at de taler med Gud og Gud med dem, og at de er kaldet til at prædike. Alligevel er der ikke en eneste en af dem, som vover at stå frem offentligt. De spreder blot deres sager i hemmelighed og hælder deres gift i Karlstadt. Han bringer det så videre både med tungen og pennen. Men fordi han ikke kunne gøre det i Wittenberg, drog han til Saale.

Disse profeter lærer og mener, at de skal reformere kristenheden og oprette en ny, på den måde at de skal dræbe alle fyrster og ugudelige, sådan at de kan blive herrer på jorden og leve ene og alene blandt hellige her på jorden. Dette har både jeg selv og mange andre hørt fra den kant. Karlstadt véd også godt, at det er sværmere og morder-ånder. Han ved også hvilken ulykke, det har ført med sig. Det burde have været advarsel nok. Alligevel undgår han dem ikke. Og så skal jeg tro, at han ikke vil anstifte oprør eller mord? Da jeg foreholdt ham det i Jena, indrømmede og forsvarede han det også selv, og spurgte hvorfor han ikke skulle holde med dem i de ting, hvor de har ret. Hvorfor holder han da ikke på tilsvarende måde med os eller med papisterne i de ting, hvor vi har ret? Eller findes det ingenting, som er ret hos os eller hos papisterne? Nej, mod disse profeter kan han ikke prædike eller skrive. Mod os derimod må det prædikes, skrives og strides.

Hvis det nu fandtes en sådan ånd hos Karlstadt, ja, hvis han bare havde været en redelig mand efter verdslig målestok og havde fundet den slags folk i det område, som hører hans fyrste til, så ville han have været den første til at undgå dem, vise dem bort fra sig og sige fra med rene ord, så de måtte se til at holde op med den slags profetier. Ellers måtte han have skrevet mod dem, sådan som jeg har gjort mod ånden fra Allstadt. *For hvis de er rustet til og indstillet på drab og mord, kan de ikke stamme fra noget andet sted en Djævelen selv.* Det hjælper ikke om de mestrer al slags kunst og Skriftudlægning, for Bibel og Skrift behersker Djævelen også fint ved siden af andre kunster. Er det ikke en plage at pøbelen ret som det er, lader sig ophidse af den slags ånder. Før fyrsterne er blevet opmærksomme på, hvad som foregår. Og de bliver så stolt og urolig at så snart de hører en prædikant, som lærer dem at holde sig i ro og adlyde øvrigheden, så kalder de ham frejdig for en rævepels og fyrstehykler og peger fingre ad ham. Den som derimod siger "slå ihjel, vær ligeglad med alle og vær frie kristne, I er det udvalgte folk osv.," ham kalder de en ret evangelisk forkynder, som trækker kjolen af bruden i Orlamünde og strømperne af brudgommen i Naschhausen. Han "stikker ikke evangeliet under bænken". Derfor lærer de aldrig, hvad Kristus er eller hvad de skal vide om ham.

Hvis en fyrste altså fandt ud at Karlstadt var af den slags, som holder med parti- og moderånderne, og at hans undersåtter blev rebelske og urolige af det, dertil at han ville retfærdiggøre og forsvare sig bagefter, skulle det da ikke være på tide, at han sagde til ham: "Hvis du er sådan et dyr, så forsvind fra mit område, før jeg må lade dig tiltale på anden måde!" Hvad godt kan man vel vente sig, hvis sådanne profeter fik lov til at blive i landet, når deres frugter allerede viser sig så mægtig? Her skal han ikke indvende, at han ikke er blevet formanet på forhånd, at han ikke har vidst om det, at man ikke har vist ham kærlighed. Hvem kunne have kommet til med nogen formaning, når de farer hemmeligt frem lige til de sprøjtet deres gift ud, sådan at ingen kan ane, hvad de er i gang med? Er de desuden ikke blevet nok formanet, og det i fuld offentlighed, gennem mit skrift mod Allstadt-ånden? Har de ikke ladet sig vise fint til rette, måske? Videre: Har de ikke vidst, at jeg har fældet den dom over disse profeter og deres ånd, at det er Djævelens ånd? Hvad har det hjulpet? Ikke andet end at de er blevet endnu mere forhærdet og har lagt hemmelige planer, for at komme mig til livs med list.

Ja, hvorfor har de nu selv sparret på kærligheden og siddet i deres afkrog og snakket ondt om os, skrevet mod os bag vores ryg i forskellige områder og brugt wittenbergerne og ingen andre til bankekød på prædikestolen, selv om de til dags dato ikke har vist os, hvor vi tager fejl? Wittenberg, er syndebukken, som ånden vil sluge, ellers er alt i sin skønneste orden her i verden. Og dette driver de på med under beskyttelse af vores fyrste. Ja under vort navn og i vort område! Men pas I bare på, I onde og vrede ånder, det bliver ingen leg. Wittenberg har vokset sig for stor for jer, og Gud kunne lade det gå sådan, at I forslugte jer og blev kvalt. Vi kender Satan, og om det hænder, at vi sover - vi er jo mennesker - så vil I alligevel ikke magte det. For Han som vogter og våger over os, sover ikke, det stoler vi på.

I dette ulyksalige rod er Karlstadt efter min opfattelse havnet, fordi han udfører sine sager ukaldet og har ladet sit kald fare, aldeles vilkårlig. I Orlamünde har han nemlig trængt sig ind som en ulv, derfor kunne han umulig udrette nogen godt der. Han var ansat som ærkediakon i Wittenberg, på renterne fra en fyrstelig stiftelse, og skulle forkynde Guds ord, forelæse og holde disputaser. Her var det Gud havde beordret ham, og han havde også forpligtet sig til det selv. En tid gjorde han også dette både til nytte for andre og til ære for sig selv. Han blev sat stor pris på. Noget andet kan han heller ikke sige selv. Og han havde større bevågenhed fra kurfyrsten end mange andre, lige til mord-profeterne kom og gjorde manden vild og rastløs efter at lære noget, som var *bedre og mere originalt en det, Gud lærer i Bibelen.*

Da brød han op på egen indskydelse og drog til Orlamünde, uden at hverken fyrsten eller universitetet vidste eller ville det. *Han drev sognepræsten bort,* som var indsat der i overensstemmelse med fyrstens forordning og universitetets ret, og *indtog præsteembedet efter egen myndighed.* Hvad synes du om en sådan præstation? Tjener den til at fremme stilfærdig lydighed for øvrigheden eller til frækt oprør blandt pøbelen? Her stikker den frem, den ånd, som jeg snakker om. For netop den ånd, som griber fat i en sådan lillefinger, ville nok sikre sig hele hånden, hvis den fik chancen. Den, som kan få sig til at vove at lade en landsfyrste se på, at han begærlig og efter eget hoved går løs på hans ejendom, ret og ordensregler, hvad kan ikke han finde på bag en fyrstes ryg, hvis han så en udvej til det? Det er virkelig at frygte og ære øvrigheden! Sådan er det også man skal lære pøbelen både i ord og handling, at præsten er akkurat som folket, som Esajas siger (Es 24, 2).

Om så Djævelen skulle sprække, vil han ikke kunne nægte, at fyrsterne af Sachsen sidder i en verdslig øvrighedsstilling, som er forordnet af Gud, og at land og folk er underlagt dem. Hvad kan det da være for slags ånd, som foragter denne *guddommelige ordning*, farer frem med vold og magt og skalter og valter med fyrstens ejendom og ret, som om det var hans egen, uden så meget som at ofre fyrsten et blik eller løfte på hatten for ham. Som om fyrsten var en statue, og han selv var fyrste i landet? Ville ikke en god ånd vise lidt mere frygt for Guds ordning og - fordi ejendommen, embedet og landet tilhører fyrsten - på forhånd bede ydmygt om lov til at drage af gårde, opsige sin forpligtelse og bede om velvillig tilladelse til at installere sig et andet sted?

Nu stikker Karlstadt imidlertid af fra sine pligter i Wittenberg bag fyrstens ryg, frarøver universitetet prædikenerne og forelæsningerne og det han var forpligtet til at udføre for den fyrstelige stiftelse, og beholder alligevel lønnen eller renterne for sig selv, uden at indsætte nogen anden i sit sted. Og i Orlamünde tager han også sognepræsteembedet fra universitetet, bortdriver den, som han selv ikke havde indsat eller havde ret til at indsætte, langt mindre til at afsætte. Hvorfor gjorde han det? Enkelte mener, at det var for at skaffe sig desto flere fordele, og fordi han stolede på at kurfyrsten er veg og ikke har let ved at straffe folk. For min del tror jeg nok, at det i tillæg også kommer den grund at profeterne søgte sig et sted og en åbning, hvor de kunne udbrede sin ånd og gift netop dér ved Saale, siden de ikke i det lange løb kunne skjule sig og liste omkring i mørke i Wittenberg.

Her kan han ikke komme og påstå, at han ikke kunne være i Wittenberg på grund af kætteri, for evangeliet er her, gudskelov, rent og fint. Og om det ikke havde været sådan, ville han ikke have blevet tvunget til at foretage sig noget ugudeligt alligevel. Det er nu engang sådan, at vi er nødt til at holde hus med Djævelen og dem, som hører ham til her i verden. Vi behøver ikke at blive djævle eller djævlehåndlangere af den grund. Karlstadt havde jo en særlig fri stilling. Han skulle blot have ansvaret for at forkynde Guds ord og kunne lade de andre præster gøre, hvad de ville. Og om det så ikke havde været andet end djævle i hele Wittenberg, skulle han alligevel ikke have stukket af bag ryggen på fyrsten, sådan som han gjorde, uden at have søgt om tilladelse og alligevel med lønnen i behold og bagefter med den frækhed at forsyne sig af fyrstens ejendom på et andet sted.

Han kan heller ikke påstå at det var af barmhjertighed mod Orlamünde, for at retlede de vildfarne får, han drog sin vej. *Universitetet havde nemlig forsynet sognet med en kristen præst,* magister Konrad, som både kendte og forkyndte evangeliet ret. Og selv om det havde været barmhjertigheden, som drev ham, skulle han alligevel have søgt øvrigheden om lov til at drage afsted. For man skal ikke begå nogen uret, for at der skal komme noget godt ud af det, Rom 3, 8. Det ville bare være at gøre det sådan, at den onde ånd fik rum og fodfæste til at sprøjte sin gift ud, som jeg før har sagt. Og det bare for at vi skulle blive specielt storartede, og at ingen skulle kunne måle sig med os.

Men om det ikke var penge, han søgte eller gift han ville samle, hvis det ene og alene var Guds ære, han søgte, hvorfor drog han så ikke til et andet sted, hvor han ikke ville have fået sådan en løn, men hvor det ville have været mere nødvendigt at forkynde Guds ord? Han kunne have fundet det uden at drage så langt af sted. Men nej, det passede ikke hans ånd og mave. Skulle det have været efter et indre kald fra Gud, at hans egenrådighed udfoldede sig, så er det påkrævet, at han beviser det ved at gøre undergerninger som bevis. Gud bryder nemlig ikke gennem sin gamle ordning med en ny, uden at han gør store tegn, når det sker. Derfor kan man ikke have tillid til nogen, som påberåber sig sin ånd og sine indre følelser, og som i det ydre raser mod Guds almindelige ordning - med mindre han da gør undergerninger i den sammenhæng, sådan som Moses giver anvisning om det i 5 Mos 18.

Men når han sammen med folkene i Orlamünde foregiver, at han er valgt til sjælesørger af dem og derfor har et ydre kald, så svarer jeg, at jeg ikke lægger nogen vægt på, at de valgte ham på bagefter. Det er den første ankomst, jeg snakker om. Han må fremlægge brev, som viser, at det er folket i Orlamünde, som har bedt ham, og ikke ham selv, som er taget afsted. Du kære, hvis det var et kald, at jeg stikker af fra mine pligter og den lydighed, jeg har lovet og flygter af sted til en by og gør mig populær og overtaler folk til at vælger mig og skubber andre til side - ja, så skal jeg love for, at der ikke findes et fyrstedømme, som er så stort, at jeg ikke skulle klare at blive fyrste der og fordrive dem, som er der nu. Hvor let er det ikke at gøre folk villige? Det er ikke at være kaldet, men at skabe sværmerbander og oprør og foragt for øvrigheden.

Dertil kommer at folket i Orlamünde ikke havde nogen ret til at vælge præst på en andens bekostning. Det er noget, som tilkom fyrsten og hans ordning. Hverken fyrsten eller universitetet er ukristelige, så de sender ugudelige præster. Og selv om han skulle, hvilket han ikke har gjort, have sendt en ugudelig præst, burde de alligevel ikke have forgrebet sig på landsherrens ret, gods og magt og gået bag hans ryg og givet sognekaldet og lønnen (som ikke er deres) bort til den, de ville. Endnu mindre burde han have taget imod det, uden at have søgt fyrsten om det. Nej, de skulle ydmygt have henvendt sig til fyrsten og universitetet med sine klager og bedt om at få en kristen sognepræst. Og havde han så ikke været villig til at gå med på det, kunne de derefter have lagt planer.

Nu rotter de sig imidlertid sammen bag ryggen på fyrsten, vælger præst og indsætter præst, som de finder for godt og bærer sig ad, som om de giver en god dag i den, som er deres naturlige arveherre og landsfyrste. Det er hans ejendom og rettigheder, de uden videre river til sig og tager for sig af. En god gang prygl havde de fortjent, både Karlstadt og folkene i Orlamünde, som en advarsel til de andre partier, så de fik at vide, at de havde herrer og ikke er herrer i landet selv. De stakkels folk i Orlamünde vil jeg nu forresten bede om undskyldning, fordi de nok har været for svage til at stå imod Karlstads gale ånd! De er blevet forhekset af de ydmyge fagter og de store ord, sådan som han har for vane. De har ikke været i stand til at se, hvordan de opførte sig mod deres egen herre. Men Karlstadt, som er besat af sværmeranden, vil jeg have trukket til ansvar. For det er let at spore af det, som her er foregået, at han ikke vil give sig, før han får den stakkels pøbel på sin side og får tilintetgjort øvrigheden.

Til alt overmål havde det blevet givet ham alt sammen, og det til ære for evangeliet, hvis han bare ikke havde givet sig af med at forsvare sin handlemåde så stædigt. For da universitetet på fyrstens befaling skrev til ham og forlangte at han skulle vende tilbage til Wittenberg til sine pligter og sit embede, mon min Karlstadt så kom? Nej, da hissede han det stakkels folk op til at skrive tilbage til universitetet i en hovmodig og fræk tone som, gik over alle grænser. Universitetet måtte tåle at blive kaldt papistisk og jeg ved ikke hvad, og det fandtes ikke noget andet evangelisk i denne verden end det, som Karlstadt sagde og gjorde sammen med folket i Orlamünde. Den fromme læser må bare sige mig: Har fyrsterne i Sachsen ikke vist tålmodighed nok med denne gale ånd? Jo, mere en nok, desværre. Havde de været *flittigere til at udøve sværdets myndighed*, så havde pøbelen i Saale-distriktet opført sig roligere og sømmeligere i dag, og ånden havde ikke sat sig fast der.

Da skuespillet ikke ville tage nogen ende - de styrede bare ret frem efter næsen og gav katten i både fyrste og universitet, drog jeg på fyrstens befaling til Saale-distriktet og prædikede efter bedste evne mod dette sværmeri. Der lavede Djævelen velkomst for mig i stil med det, jeg for længe siden havde gjort mig fortjent til fra hans side - jeg skal hilse og sige, at han fnyste, hvirvlede omkring og lavede krumspring, akkurat som om Kristus selv skulle have været til stede der, for at drive ham ud. Det virkede så stærkt at til og med Karlstadt kom og overrumplede mig med et så mildt hjerte og så fine og fredsæle ord, da vi sad over for hinanden ved bordet, at jeg straks mærkede, at det var ånden, der talte gennem ham. Så til sidst gav jeg min unge herre, hertug Johan Fredrik det råd at Hans Nåde ikke længere skulle tolerere dette. Sammensværgelsen var nemlig allerede et faktum, *man ville sværme og ville ikke acceptere øvrigheden*. Dette er hvad jeg kender til af sagen, dette og ingenting mere.

Hvad mere er der at sige? Der er hverken alvor eller sandfærdighed i det, denne ånd har gang i. De tror heller ikke selv på det, de siger, og holder heller ikke det, de lover. *Nej, det er kun én ting, som står i hovedet på Djævelen, og det er at anstifte ulykke og bare ulykke i denne verden.* For da Karlstadt sidste gang var i Wittenberg, gik han godvilligt med på at træde tilbage fra sognekaldet, fordi han så, at det ikke fandtes andre muligheder, og lovede på stedet at han ville vende tilbage og slå sig ned i Wittenberg igen. Havde han været sikker på at han virkelig var kaldt til sognepræst, burde han ikke have svigtet sine sognebørn. Da skulle han jo hellere have sat livet ind på det, som han indtil da havde strid for og sat sig til modværge mod. Fra et guddommeligt kald skal man jo ikke trække sig, især ikke når man praler af at leve i lutter fællesskab med Gud.

Men det var åbenbart dette, som var han hensigt: Han forestillede sig at giften var tilstrækkelig spredt og elendigheden dybt nok og stærkt nok rodfæstet, og at pøbelen nu hang ved ham. Alt sammen desværre blot alt for sandt. Følgelig tænkte han nok at blive der som sognepræst, selv om det var til fortræd for fyrsten og universitet aldrig så meget. En tilsyneladende overgivelse af sognekaldet kunne ikke skade, når pøbelen bare var stemt for at ingen, som måtte komme efter ham, skulle få nogen ejendom. Så ville fyrsterne nok til sidst gå med på at lade dem få det, som de ville. Ytringer i den retning er jo også fremkommet offentligt. Så sammensværgeriske og smarte anslag tænker ånden sig, at ikke engang Gud ser eller er i stand til at afværge det, og dermed vil den have styrket sine positioner ved svig og bedrag, før nogen bliver opmærksom på, hvad som foregår. Nå ja, vi mennesker har let for at forsømme det, vi er sat til at passe på. Men det har denne ånd såmænd også gjort. Og det har vist sig at Gud er klogere end den er.

Denne omfattende udredning har jeg været nødt til at give, rigtignok modstræbende, fordi denne ånd fra Hessen så gerne ville have holdt fyrsterne af Sachsen for nar, selv om det er dem, han havde ære og ejendom fra. Jeg tror nok også, at om han ikke havde stukket af så forskræmt og med så stort hastværk dengang, men havde haft god nok samvittighed til at forelægge disse sager for fyrsterne og bede om tilladelse både her og i andre sager, som jeg måske ikke har kendskab til, ja, så kan det godt hænde, at det var blevet ham indrømmet. Men ud over det, så er det nu min mening at landet tilhører fyrsterne af Sachsen og ikke Karlstadt. Han er en gæst i landet og ejer ingenting af det. Om de nu ikke fratager nogen det, som tilkommer ham, men alligevel af hemmelige grunde ikke vil vide af en bestemt person i sit land, så vil de efter mit skøn ikke have nogen pligt til at fortælle alle og enhver hvilke bevæggrunde, de havde, og heller ikke til at rejse nogen retssag mod vedkommende. Fyrster er nu engang nødt til at dække over og hemmeligholde mange ting. Skulle en husherre ikke have ret og myndighed til at bede en gæst eller tjener om at drage sin vej, uden først at fremlægge grunde til det og føre en retssag til ende. Ja, så ville han have været en stakkels fange af en husherre i sit eget hus, og det ville være gæsten som i virkeligheden var husherre.

Dette tænker denne ånd ikke på. Han ramler frem og kommer med fornærmelige angreb på fyrsterne offentligt, som om han var deres ligemand og også var herre i Sachsen, og pukker på lov og ret i det, som er deres egen ejendom. Hvad kan man svare et sådan frækt og hvileløst hoved andet end det husfaren i evangeliet siger: "Min ven, jeg gør dig ikke uret. Tag det, der er dit, og gå! Eller har jeg ikke lov til at gøre, hvad jeg vil, med det, der er mit?" (Matt 20, 13-15). Hvorfor og med hvilken ret husherren gjorde med sit, som han ville, se, det ville denne lurendrejer også vide. Ak, du smarte ånd, hvorfor kan du ikke skjule, hvad det er, du har i sinde? Du vil være herre selv, og det, du finder på og gør, skal kaldes for ret. Det er det, som det drejer sig om alt sammen.

Nu, hvad synes du? Er det ikke en fin, ny åndelig ydmyghed? Gå med grå arbejdsjakke og filthat, ikke ville kaldes doktor, men "broder Andreas" og "kære nabo", som en anden bonde. Være underlagt dommeren i Orlamünde og adlyde ham som en almindelig borger og bære sig ad med selvvalgt ydmyghed og underdanighed, som Gud ikke påbyder. Ønsker at blive set på og rost som en kristen i særklasse. Som om kristendommen består i den slags udvendige narreværk! Og så til gengæld stræbe og slå sig løs på tværs af pligt, ære, lydighed og den ret og myndighed, som tilkommer landsfyrsterne og den verdslige øvrighed, som Gud har givet påbud om. Dette er det, den går ud på, den nye og høje kunst, Gud åbenbarer gennem himmelstemmen, som vi i Wittenberg, som forkynder troen og kærligheden, ikke forstår eller kan have noget kendskab til. Dette er den smukke "dødelse", "studering", "undringen", "passivitet" og hvad de nu hedder alle de djævelske påfund.

Om messen

Med dette skulle vi have svaret på en eller tre af Karlstadts bøger. Nu vil vi se på den om messen, sådan at vi for alvor kan komme til nadveren. Jeg véd ikke, hvad han vil med at lave så mange bøger om et og samme tema. Jeg skulle gerne have påtaget mig at få det ned på ét ark, det som han ødelægger ti for at få sagt. Måske er forklaringen den, at han er lige så glad for at høre sig selv snakke som storken er i sin knebring? Der er jo hverken hoved eller hale på det han skriver, og man kunne lige så godt prøve at pløje sig vej gennem en hæk og buskads, som at læse hans bøger igennem. Men det er et tegn på, hvad slags ånd, det drejer sig om. *Helligånden kan tale fint, forståelig, ordentlig og tydelig, Satan mumler og gumler ordene i munden og spyer dem ud hulter til bulter, så man må anstrenge sig for at forstå, hvad han mener.*

Nu havde Karlstadt vel lagt mærke til, at vi i Wittenberg både med skrifter og i handling havde behandlet og *forkastet messen som et offer og som en god gerning,* og det med den største alvor. Ja, vi var sikkert også de allerførste, som gjorde det. Måske var han ræd for, at vi skulle få ære af det og gøre os til syndere af bare æren, og så tænkte han vel med sig selv, at han skulle komme os til undsætning. Hvordan skal jeg gå frem, for at få sat et sådant rygte på wittenbergerne at alle deres skrifter og tiltag mod messen holdes for ingenting og bliver bagtalt, sådan at det hedder sig, at de holder messen for et offer og en god gerning, og at jeg er den eneste helt i stykket, som har bibragt verden, at messen ikke er et offer? Jo, dette vil jeg gøre: Jeg vil ikke bryde mig om, hvad de skriver, bekender eller gør, for da ville jeg ikke vinde nogen medalje. Det er for tydeligt. Jeg vil skælde dem ud, fordi de kalder det messe, som betyder offer, og fordi de løfter nadveren op, som om de ofrede det. Så kan jeg bagefter sige, at alle wittenbergerne farer helt vild, og den stakkels biskop i Zwickau sammen med dem.

Vel, så må vi takke til for velgerningen og sørge for at æren heller ikke forfører den rige landstryger og ukaldede prædikant Karlstadt. Vi må give svar, når det gælder ordet "messe" og når det gælder det at løfte nadveren op, så han får mere skam end ære af det. Ikke at det er nødvendigt at svare på den slags drengestreger og narreværk, men for at man skal se, at der ikke er så meget som et glimt af forstand tilbage hos Karlstadt, sådan at enhver kan vide, at vogte sig for denne gale ånd og lade være at stole på hans prægtige ord. Der er nemlig intet andet bag dem end falske og dødsensfarlige snarer, som vil forvirre samvittighederne med fuldstændig frugtesløse gøglerier.

Først dette at han skælder os ud for navnet, fordi vi kalder nadveren en messe. Han beskylder os for at være Kristi bødler, drabsmænd og flere skrækkelige ting af samme slags, værre end papisterne, fordi "messe" betyder offer på hebraisk. Og da hjælper det os ikke det ringeste, at vi kæmper og har kæmpet med så stort alvor og så stor fare, for at messen ikke er noget offer. Nu er det også i verdens øjne latterlig, barnlig og kællingeagtig, når folk er enige om sagen og alligevel strides om sprogbrugen. Paulus forbyder den slags og kalder dem, som gør det, for 'logomachoi', ordkløvere og kværulanter, osv. (1 Tim 6, 4 og 2. Tim 2, 14). Men det er, som jeg har sagt, Djævelen, som gennem Karlstadts hoved gerne vil dynge synd, skræk og fare på samvittighederne *i sager, som i virkeligheden er frie og uden synd.* Derfor har han hverken rist eller ro, før han får ødelagt gode samvittigheder og slået sjæle ihjel, som skal leve, sådan som Ezekiel siger (Ez 13, 19).

Havde det nu for det andet været sandt, at messe betyder offer, og havde der eksisteret nogen god vilje i Karlstadt, så ville han have sagt det til os og formanet os, før han offentligt gik ud med så voldsomme beskyldninger. Siden *vi i handling nægter, at messen er et offer og kæmper imod det,* ville det jo have været grund til at håbe på, at vi også gerne ville have ladet navnet falde, hvis vi fik besked om, at vi lavede et offer ved at bruge det ord. Hvor er det her blevet af broderkærligheden i den høje ånd? Er det ikke en synd blandt disse hellige, at man uden grund bebrejder sin næste så højlydt og groft? Men her kan man se, hvordan Karlstadt er ramt af blindhed, sådan at han ikke bryder sig om eller erkender en så stor synd, men til gengæld vil besvære al verden med falske, opdigtede store synder. Det er virkeligt, skulle jeg mene, at have bjælken i eget øje og ville fjerne splinten hos en anden (Matt 7, 5).

Jeg har aldrig vidst og ved til dags dato ikke, at "missa" betyder offer, og Karlstadt må have mig undskyldt, men selv om jeg ikke kan meget hebraisk, så har jeg i hvert fald mere begreb om det end han har. Jeg har trods alt oversat hele Bibelen til tysk og har endnu ikke stødt på at "missa" betyder offer. Nej, jeg antager at han må have fundet det indskrevet i skorstenen, eller også har han netop opdigtet et nyt hebraisk sprog på samme måde som han opdigter synder og dårlige samvittigheder. Hvis det da ikke er himmelstemmen, som fortæller dette? Nej, når man ikke forstår sig på et sprog, ville det sømme sig, at man lod være at prale af det og overlod æren til dem, som kunne det, så slap man for, at folk siger: Se, sikke et formasteligt æsel! Især ville det være klogt når en, som Karlstadt her gør, vil grundlægge trosartikler og derfor dundrer løs: Jeg har drømt at "missa" på hebraisk betyder offer, og derfor tager wittenbergerne Kristus til fange, er bødler og drabsmænd, som pisker og korsfæster ham og er værre en Kajfas, Judas og Herodes, når de kalder det for messe. Så, så, kære sværmerånd, havde det været fastelavnsløjer, var der nok tale om klovneri.

I det hebraisk, jeg kender, finder jeg at "mas" betyder skat eller afgift, som man årlig yder til øvrigheden. I 1 Mos 49, 15 hedder det for eksempel, at Issakar blev skattepligtig, og i kongebøgene står det ofte om, hvordan andre lande og folkeslag blev skattepligtige over for Israels børn, og derfor kalder Moses engang i 5 Mos 16, 10, "missa", ikke for offer, sådan som Karlstadt drømmer om, men for førstegrøden, som de én gang om året, på pinsedagen, skulle bringe frivillig til præstene som afgift. Ved at lægge det frem for Herren, skulle de bekende og takke for, at de havde fået land og afgrøde fra Herren, sådan som han lærer dem så fint i 5 Mos 26, 10. På samme måde fortæller jo alle skattebetalere gennem skatten, at de har pengene eller godset fra lensherren. Offer derimod er ingen afgift. Det var heller ikke påbudt sådan som afgiften var. Ofret måtte man jo slagte og brænde. Derfor har "missa" og "offer" ikke mere med hinanden at bestille end knytnæve og øje, selv om jeg i mangel af noget bedre har måttet oversætte det med "frivilligt offer" i 5 Mos 16, 10 [i 1545-udgaven: "frivillig gave"]. Men disse ånder, som kun har himmelstemmen at holde sig til, bryder sig naturligvis ikke om min oversættelse.

Så længe det hebraiske sprog stadigvæk var almindeligt blandt dem, kaldte apostlene og de første kristne derfor brødet og vinen, som de bar med sig, da de kom sammen til nadveren, for "missa" på jødisk vis. *En del af det blev senere indviet til nadveren, resten blev fordelt til menighedstjenerne og de fattige.* Det kaldet de derfor i lang tid for "kollekt", på grund af denne indsamling, som Historia Tripartita fortæller om. Deraf kommer ordet "kollekt", som er blevet stående i papisternes messe. *"Kollekt" og "missa" var nemlig et og det samme lige til den Onde kom og gjorde messen til et offer.* Derfor går ordet "missa" *ikke på de indviede nadverelementer,* som har med forholdet mellem Gud og mennesker at gøre, men alene på brødet og vinen, som har med forholdet mellem mennesker at gøre. *Det bliver samlet, ikke for at gives eller ofres til Gud, men for at det skal fordeles blandt mennesker.*

Hvor bliver det nu af dig og din hebraisk, kære sektånd og syndedriver? Fortæl mig nu: Hvorfor skal jeg ikke kalde den kristne gudstjeneste for en kollekt eller messe, sådan som apostlene og de første kristne gjorde? Ja, fortæl mig, hvor I har løgnene fra, når I beskylder os for, at vi kalder det indviede brød og vinen for messe. Hvis det nu var sådan, at messe betyder offer. *Det er hele gudstjenesten, man kalder for en messe,* og derfor siger man "under messen" eller "i messen indvier man brødet og vinen." Videre: "i messen modtager man nadveren". Hvem har nogensinde hørt nogen sige: "Jeg vil tage imod messen" eller "jeg har modtaget messen" når han har taget imod nadveren? Jeg ved ikke, om jeg nogensinde har skrevet eller sagt nogen sådant, det kan også være det samme. Jeg véd i alle fald med sikkerhed, at vi i Wittenberg ikke lærer eller siger at nadveren er eller betyder "messe". Selv om der ikke havde været nogen fare forbundet med at gøre det. Nej, dette er vitterlig noget, han pådutter os, løgneånden. Akkurat som han kalder "missa" for offer på grundlag af sin egen drøm, bare for at bevise sin egen uvilje.

Men hvad nu, om apostlene også havde kaldt selve nadveren for "missa"? Jeg antager at de ville have været i stand til at forsvare sig mod sektånden og ville have sagt, at ligesom jøderne måtte bringe sin "missa", sin førstegrød, til præstene, ikke for at give Gud noget, men tværtimod for at bekende og takke Gud for, at de havde fået dette og hele landet af hans nåde, på samme måde gør vi med nadveren eller vores "missa". *Det er ikke til Gud, vi giver eller ofrer noget*, men ved det bekender og takker vi Gud, som har givet os både det og alle Himmerigets gaver. For sådan er det også Kristi ord lyder; at vi skal gøre det til minde om ham. Med det tror jeg nok, de havde stoppet munden ganske effektivt på ånden og havde lært ham en lektie om at sætte sig bedre ind i det hebraiske sprog og Moses, før han kaster sig ud i at kritisere og fordømme det, som han hverken har kundskab om eller forstår nogen af.

Dette siger jeg, som om det skulle være godtgjort at "missa" er et hebraisk ord. Men det er noget, jeg ikke vil bygge nogen ting på, for det gør ingenting fra eller til om det er hebraisk eller ej, om det ligner aldrig så meget det hebraiske ord. Men det, man vil gøre til en trosartikel og regere samvittighederne med, må man vide langt sikrere end man véd at "missa" er hebraisk. I Skriften står det ingenting om det. Det er bare det, at for denne sektånd må det være en sikker trosartikel alt det, som falder ham ind, eller som han finder på. Og så er det fluks af gårde og løs på de arme samvittigheder. Storme og larme og gøre det, som ikke er synd til synd, sådan som det er typisk for hele hans lære og ånd. Havde det nu været en god ånd, så skulle han først have været sikker i sin sag og ført bevis for at "missa" er hebraisk, før han tydede det som hebraisk. Derefter skulle han også have ført bevis for, at det betyder offer, og til sidst skulle han også have ført bevis for, at man ikke burde kalde nadveren for "missa". Ingenting af dette gør han. Han bare savler sit eget savl her, og det skal vi anse for trosartikler alt sammen.

Men for nu at få malet djævelen tydelig og bevist, at det er helt uden grundlag, han lyver, som han gør, og at det hele er ren og skær konstruktion, så lade os forudsætte at "missa" betyder offer, og at vi udtrykkelig kaldte nadveren og ikke gudstjenesten for et offer (ingen af delene er tilfældet, det er blot sekt-ånden, som digter det sammen) - hvad ville han i så fald have haft at fare med? Ville vi af den grund have været Kristi bødler og mordere, sådan som sekt-ånden udspreder? Eller skulle der følge af det, at vi holdt nadveren for et offer? Han indrømmer jo selv, at vi ikke holder det for et offer, hvordan kan han da være en sådan hund efter at lyve, at han kan sige, at vi alligevel holder det for et offer? Vi kan da vel ikke på samme tid og i ét og samme hjerte tro og bekende to ting, som står i strid med hinanden?

Ja, lad mig tage et skridt videre: Når vi med hjerte, tunge, pen og handling aflægger offentligt vidnesbyrd om, at det ikke er et offer, og om vi af uforstand kaldte det messe, fordi vi ikke vidste at messe betyder offer, ville Gud da ikke dømme os efter hjertet og alle de andre tegn? Han siger jo selv, at han ser til og dømmer efter hjertet og ikke efter det udvendige, Es 11, 3. Mon han ikke ville gøre det, fremfor at fordømme os på grund af den ene detalje med navnet, sådan som denne djævel gør gennem Karlstadt, som kritiserer os så skændigt på grund af en ydre ubevidst fejl ved et navn, og som hverken vil se eller tage hensyn til hjertet og alle dets frugter, som vi viser frem ved det, vi gør?

Hvor ofte forekommer det ikke, at en mor kalder sin datter en tøs, både i vrede og i kærlighed? Hvor ofte hænder det ikke, at en far kalder sin søn for en slambert eller en slyngel, eller de kalder datteren "putana" uden at være klar over at putana også betyder hore, mens de bruger det med betydningen en jomfru. Hørte Karlstadts ånd dette, ville den skære grimaser og skrige op: "Moren og faren er Satans afkom, de spotter Gud for det Han har skabt, de myrder, fører bøddeløksen, kvæler, radbrækker jomfrustandens ædle dyd i sit eget barn. De er værre en nogen bordelvært og morder. For selv om de med hjertet og med andre tegn viser, at datteren er en from jomfru, så er de akkurat lige som en bordelvært, som holdt hende til horeri, fordi de bruger navnet tøs eller putana om hende. Kære ven, hvad ville moren sige til en sådan dommer? Hun ville bede om, at man for Guds skyld fik lænket ham fast med kæder, sådan som man gør med gale og vanvittige folk. Akkurat på samme måde står sagen her: Karlstadt véd godt, at det ikke havde været vort alvor, om vi havde kaldt nadveren for et offer. Vi gør det heller ikke. Alligevel fælder han den dom, at vi holder det for et offer og ramler på vej med sine angreb uden at rødme. Her ser man, at han bare leder efter påskud for at kunne overfalde os, og det af blank modvilje.

Så afsindig har misundelsen og menneskelig æresyge gjort manden, og så besat er han blevet af det, at han ikke længere ser, at det er hjertet som giver handlingen navn og ikke omvendt. Er hjertet ret og godt, kan det være med navnet som det være vil, det gør ingenting. Hvad kan der findes af ret og god forstand til at behandle Skriften og guddommelige spørgsmål med i hovedet på en mand, som er så forskruet at han til og med har mistet den almindelige forståelse, som ligger i den sunde fornuft, og som derfor ikke véd, at man i alle ting skal dømme efter hjertets mening og frugter og ikke efter ordene og det ydre? Alle naturlige love lærer jo det samme. Nej, de, som vil, må fæste lid til en sådan lærer og tro, at han er i stand til at skrive ret og kristent om nadveren, så længe han ser alting gennem farvede briller og fælder domme ud fra sit forbitrede og falske hjerte. Hvis han véd dette og alligevel skriver så vilkårligt, som han gør, ja, så er det desto værre, for da kan man se klart og tydelig, at han må være besat. Et menneske som er ved sine fulde fem, bærer sig ikke så modvilligt ad.

Hvad nu om vi den dag i dag begyndte at kalde nadveren, ikke for messe, men på umisforståelig tysk et offer, bare på trods over for sektånden? Tror du, vi ville være i stand til at forsvare det mod ham? For vi sigter mod at alt det, vi har gjort og kommer til at gøre i Wittenberg, af Guds nåde skal være sådan indrettet at Djævelen med alle Helvedes porte og sektånder kan gå til angreb på det, uden at kunne besejre det.

Sådan har det været hidtil. Godt, jeg begynder nu på ny at kalde nadveren for et offer, ikke fordi jeg holder det for at være et offer, men fordi denne sektånds gud, Djævelen, vil hindre mig i at kalde det for det. Derfor vil jeg gøre det, han ikke vil og afstå fra det han vil, og jeg vil også give mine årsager og grunde.

Jeg vil kalde Peter en syndig fisker, sådan som han selv kalder sig i evangeliet, og sige at Peter, den stakkels synder, omvendte verden med sit evangelium. Paulus, som forfulgte kristenheden, er hedningenes lærer. Maria Magdalena, synderinden, er blevet salig og så videre på samme måde. Det skriver jeg for at Karlstadts ånd skal få grund til at skrive endnu flere bøger. Skønt endnu ingen har bedt ham om det. Og tordne mod mig og sige at den wittenbergske forkynder med de høje tanker spotter Guds nåde og Kristi blod og Helligånden, siden han kalder de hellige for syndere. For selv om han holder dem for hellige i hjertet og ”krasser” nogen andet ned med pennen (efter hans tysk), så holder han dem for syndere og gør dem til syndere, når han kalder dem for syndere. Da myrder og halshugger han Kristus og udgyder hans blod osv. Sådan som han plejer at køre frem, den dybsindige landstrygerprædikant.

Ja, jeg vil gøre det endnu værre: jeg vil kalde Jesus Kristus, Guds søn for den korsfæstede og afdøde, sådan at sektånden kan vise sine kunstner og sige, at Kristus nu sidder i Himlen og ikke er korsfæstet længere. Når du kalder ham det, vel, så korsfæster du ham og er værre end jøderne, som han blev korsfæstet af, selv om du med hjerte og pen siger nogen andet. Hvad tror du? Denne ånd skal nok passe godt på os, så vi ikke får lov til at nævne et eneste navn fra de gamle beretninger længere. For hvis jeg ikke har lov til at sige om messen, at den har været et offer, og hvis det er så skrækkelig, om jeg siger: ”dette er et offer hos papisterne” eller ”vi modtager ofret” (da det vel at mærke var et offer i gamle dage), så kan vi heller ikke fortsætte med i evangeliet at kalde Simon for ”den spedalske”, Peter for en synder eller Paulus for forfølgeren eller Kristus for den korsfæstede, fordi alt dette er noget som var, og som Djævelen stod bag, men som ikke er længere.

Hvor ofte sker det ikke, at det onde navn bliver hængende igen ved noget, når det onde selv er borte? Betyder det mon, at den, som bruger det onde navnet, bringer det onde tilbage? Noget værre kan ikke tænkes end at nogen nu skulle korsfæste og slå Guds søn ihjel. Men siden det nu engang er sket, forbliver det onde navnet til evig tid og gør ingen skade, fordi hjerte, vilje og alt det, man gør, går i en anden retning en navnet lyder. Burde man da ikke tilsvarende undskylde det, hvis nogen af gammel vane eller på grund af det onde ting, papisterne har øvet med nadveren, kaldte det for et offer? Ikke at vi gør det. Men kunne jeg ikke kalde det et martret, korsfæstet, ihjelslået sakramente, sådan som Karlstadt selv kalder det? Alt dette ligger jo i ordet offer, skal jeg da, fordi jeg bruger navnet, martre, korsfæste og slå ihjel og stå på lige linje med dem, som gør det i handling?

Derfor spørger jeg sektånden og stopper hans egne ord ned i halsen på ham: Sig mig nu, hvorfor kalder I brødet og vinen for et "martret, korsfæstet, ihjelslået sakramente"? Er I så ikke også Kristi bødler og mordere, selv om I krasser nogen andet ned med pennen? Måske vil du sige, at dette ikke er noget, de selv mener, de siger det bare for at tilkendegive, hvad andre gør med det. Men i så fald, kære ven, hvorfor skulle jeg så ikke lige så godt kunne kalde det et offer i den mening at andre har gjort det, stillet det sådan i stand og kaldt det sådan? Der kan du se skinnende klart at alverden, ja, til og med børn, indser at man ikke skal dømme efter navnet eller det ydre, men efter hjertet og handlingen. Alt dette vil jeg have sagt, for at være på den sikre side, hvis der fandtes nogen hos os, som kaldte det et offer, for at vise at det denne ånd intet formår, at han ikke ville have noget at komme efter, selv om hans drømme havde været sande. Men en ånd som har mistet al grund og sandhed og bare beskæftiger sig med ydre ting, får som fortjent en sådan teologi om skin og skyggebilleder.

Det er rigtignok synd og skam, som sagt, at vi skal spilde så meget af ord, tid og papir på disse barnestreger. Den frugt har vi alligevel af det, at masken bliver trukket af denne ånd og bliver trukket frem i dagslyset, sådan at alle og enhver kan se, hvor Karlstadt sidder, og hvad han har i sinde, og så kan vide at vogte sig for ham som for Djævelen selv. For om han bare havde forkyndt noget om navnet og sådanne ting, som tager sig ud, uden helt at træffe grunden i hjertet og de sande handlinger, så kunne man have undskyldt det som menneskelig. Men når han blæser det nytteløse skin op og bruger store ord om det, som om det var det eneste, som havde nogen betydning, og dertil dadler det indre, rette grundlag, som han selv indrømmer, at vi har, med skrækkelige fordømmelser og vil gøre det til intet - ja, så er det en adfærd, som ingen anden end Djævelen selv præsterer. Ikke noget retskaffent og fromt menneske ville finde på at gøre noget sådant. Hvis han bare kan få det lavet, er det eneste, som står i hovedet på ham, at *få gjort mest mulig nar af Guds nåde og det fine sandhedslys, vi har fået i Wittenberg,* og så overtale folk til at tro, at det er i Orlamünde og takket være ham, at den virkelige sol er stået op.

Men om nu nogen var gået ind på Karlstadts grundlag og fæstet lid til det, hvor smukt tror du så ikke, han ville have blevet stående med sin "missa"? Han har ikke bevist at missa er hebraisk, ikke at det betyder offer, ikke at det er forkert at kalde det for det. Og selv om han havde bevist det alt sammen, havde han stadigvæk ikke opnået noget mere end at gøre sig selv og os til latter. Hvis bare papisterne villet holde op med at ofre messen, Herre Gud, hvor gerne ville jeg så ikke tillade dem at kalde den, akkurat hvad de ville! Navnet betyder intet for mig, men for Karlstadt absolut alt, så at han tillægger hovedsagen og grunden alt for lidt. På tilsvarende måde er det også med den anden sag, dette med at løfte nadveren op: Det er også antikristligt og papistisk. Oh, den som blot kunne få givet manden det råd at afstå fra at prædike og skrive og finde sig et andet håndværk! Er det noget, han ikke duer til, så er det nemlig det. Det eneste, han vil, er at lave nye love og synder og nye trosartikler, uanset om Gud kan lider det eller ikke. Andet kan han ikke.

For det første har vi af Paul lært om den kristne frihed, at alt det, som Gud ikke med klare ord forbyder i Det Nye Testamente, skal være frit. Det gælder al slags mad, al slags drikke, al slags beklædning. alle steder, alle personer, alle slags skikke. At vi ikke skylder Gud noget andet end at tro og elske. Sig mig nu, hvor har Kristus givet nogen forbud mod at løfte nadveren op? Eller hvor har han påbudt at gøre det? Vis mig bare et aldrig så lille ord, så skal jeg give efter. Men Karlstadt flagrer bare frit frem og påstår, at det er forbudt af Kristus. Han kan ikke bevise det, og det er heller ikke sandt, men han anser det alligevel som en lige så stor synd som gudsfornægtelse. Er det ikke en jammerlig og ynkværdig blindhed at bebyrde og myrde sjælene med synder på den måde og lave love, der hvor ingen findes?

Sig mig, min kære bror, hvordan ser du på en ånd, som vover at lægge ansvar på Kristus og påstå, at han gør det, han vitterlig ikke gør. Ja, at han gør det stik modsatte af det han gør? For Kristus forbyder det ikke. Han lader det være frit. Men denne ånd, forbyder det og tager samvittigheden til fange på eget initiativ og af eget hovmod. Er det ikke at spotte Kristus? Er det ikke at fornægte Kristus? Er det ikke at sætte sig i Kristi sted og i Kristi navn at myrde sjælene, binde samvittighederne, læsse synder på folk, lave love og kort og godt at bære sig ad med sjælene, som om han var Gud for dem? Alt dette og mere til bedriver jo den, som laver love og synd, hvor Kristus vil have frihed og ikke vide af nogen synd. Af samme grund er det, vi har påvist, at paven er Antikrist: Han gør afbræk i friheden med love, hvor Kristus vil have frihed. Sektånden kører ud ad akkurat samme vej. Han vil også sætte det i fangenskab, som Kristus vil holde i frihed.

Noget er der alligevel i dette som er anderledes med sekt-ånden end med paven. Begge to gør afbræk i den kristne frihed og begge er modkristne, men paven gør det gennem påbud, Karlstadt gennem forbud. *Paven giver ordre om at gøre ting, Karlstadt giver ordre om at lade være.* Den kristne frihed bliver imidlertid brudt i stykker i begge tilfælde, både når man påbyder, tvinger og presser folk til at gøre det, som Gud ikke har givet påbud om eller belagt med tvang, eller når man forbyder eller lægger restriktioner og hindringer, som tvinger folk til at afstå fra det, som ikke er forbudt eller belagt med restriktioner fra Guds side. Min samvittighed bliver nemlig indespærret og forført akkurat lige meget, når den tvinges til at afstå fra nogen, som det ikke er nødvendig at afstå fra, som når den tvinges til at gøre noget, som det ikke er nødvendig at gøre. Og den kristne frihed bukker akkurat lige meget under, når den tvinges til at lade noget være, som den ikke må lade være, som når den tvinges til at gøre det, som den ikke har pligt til at gøre.

Paven ødelægger friheden, ved at han uden videre giver påbud om at løfte nadveren op og vil, at det skal gælde som lov og ret, og at det er synd, når nogen lader være at gøre det. Sekt-ånden ødelægger den, ved at han uden videre nedlægger forbud mod at løfte sakramentet op og vil, at det skal gælde, som et forbud i kraft af lov og ret, og at den som gør det, synder. På begge sider bliver Kristus jaget på døren på denne måde. Den ene skubber ham ud gennem hoveddøren, den anden jager ham ud bagdøren. Den ene falder i grøften til venstre, den anden til højre. Ingen af dem magter at holde sig på ret køl og følge frihedens vej lige frem. Det forbavser mig imidlertid meget, og havde jeg ikke selv læst i Karlstadts bøger, så ville hele verden ikke have formået mig til at tro, at han ikke vidste dette. For på dette område har jeg holdt ham for at være en lærd og forstandig mand. Herre Gud, hvad er vi, når du først lader os falde? Hvad gør vi, når du trækker din hånd tilbage? Hvad formår vi, når du ikke længere lyser for os? Er det dette, den har at fare med, den frie vilje, at den så hurtigt forvandler en lærd mand til et barn, den kloge til en nar, den vise til en tåbe? Hvor frygtindgydende er Du i alle dine gerninger og domme!

Nuvel, mine kære herrer, lad os vandre i lyset, så længe vi har det, så ikke mørket også overmander os. Vær på vagt, den, som kan! Jeg vil fremstille dette groft og enkelt: At lære og at gøre er to forskellige ting. *Jeg gentager: At lære og at gøre skal man holde lige så langt fra hinanden som himmel og jord.* At lære er noget, som kun tilkommer Gud. Han har ret til at give påbud og forbud og være herre over samvittighederne. At gøre og undlade at gøre er vores sag, vi som skal holde Guds bud og lære. *Hvis det nu drejer sig om at gøre eller undlade at gøre noget, som Gud ikke har lært noget om, påbudt eller forbudt, så skal man lade det forblive frit, sådan som Gud selv har ladet det være.* Den, som turer frem med påbud eller forbud her, tiltager sig Guds eget embede, tynger samvittighederne ned, producerer synd og elendighed og fordærver alt det, som Gud har ladet være frit og trygt. Ja, han fordriver Hellighånden med hele Hans rige, gerning og ord og lader Djævelen blive alene igen på slagmarken.

Nu er det at opløfte nadveren, bære tonsur, klæde sig i messeklæder osv., ting som Gud hverken har givet påbud om eller forbud mod. Derfor skal det stå enhver frit at gøre det eller lade være at gøre det, alt efter hvad han har lyst til, for det er sådan frihed, Gud vil have. Men når paven ikke lader dette stå frit, men tvinger til at praktisere det med lære og påbud, tiltager han sig noget af Guds embede og er anmassende nok til at sætte sig i Guds sted, sådan som Paulus har forudsagt om ham (2 Tess 2, 4). Han laver nemlig synd, hvor Gud ikke vil vide af, at der findes synd, og dermed slår han sjælene ihjel og binder samvittighederne. Når Karlstadt ikke lader det stå frit at afstå fra disse ting, men tvinger til at gøre det med forbud og lære om, at man ikke skal opløfte nadveren osv., griber han imidlertid også ind i Guds embede, sætter sig i Hans sted og laver synd der, hvor der ikke kan eller skal findes synd, og dermed slår han sjælene ihjel på sin side akkurat som paven gør på sin. Begge to ødelægger de den kristne frihed, sådan som sjælemorderne gør.

Vi derimod går vejen midt imellem og siger, at hverken påbud eller forbud har noget at gøre her. At man hverken skal falde i til højre eller til venstre. Vi er hverken papister eller Karlstadt-tilhængere, men frie mennesker og Kristus-tilhængere, og derfor opløfter vi nadveren og lader være at opløfte nadveren, hvor, hvornår, hvordan og så længe, som vi har lyst, sådan som Gud har givet os frihed til at gøre. Akkurat som det står os frit at forblive ugifte eller indgå ægteskab, spise kød eller ikke, bære messeklæder eller ikke, bære munkekutte og tonsur eller ikke. Her er vi herrer og finder os ikke i love, påbud, lære eller forbud. *Begge dele har vi da også praktiseret her i Wittenberg. I klosterkirken* har vi holdt messe uden messeklæder, *uden at opløfte nadveren*, i den enklest mulige form, sådan som Karlstadt fremholder at det skal være ifølge Kristi eksempel. I *sognekirken* derimod har vi fremdeles messeklæder, alter, opløftning og kommer til at have det så længe, vi vil.

Derfor skal min sekt-ånd ikke drage til kamp mod os wittenbergere på denne måde: "De opløfter nadveren, derfor synder de mod Gud." Nej, sådan skulle de drage til kamp: "De lærer og påbyder, at man skal opløfte nadveren, ellers gør man sig skyldig i en dødssynd, og derfor synder de mod Gud." For dette er, hvad papisterne lærer og gør. Vi derimod lærer ikke noget sådant og gør det alligevel, i fuld frihed, så længe vi vil. At gøre det skader nemlig ikke, læren derimod er Satan selv. *I klosteret derimod undlader vi at gøre det, men vi lærer ikke, at man skal undlade at gøre det, sådan som Karlstadt gør.* At lade være skader ikke, at lære det derimod er Satan selv. Af dette kan du se, hvem det er, som er "Antikrists slægtninge", vi eller Karlstadt. Vi gør som papisterne, men accepterer ikke læren, påbudet og tvangen. Vi lader også være at gøre det, i lighed med Karlstadts tilhængere, men forbudet accepterer vi ikke. Derfor er paven og Karlstadt ægte slægtninge i læren, for de fremsætter begge en lære. Den ene at man skal gøre dette. Den anden at man skal undlade det. *Vi lærer ingen af delene - og gør begge dele.*

Nu, mine herrer, det er småting vi drøfter, hvad handlingen angår. For at opløfte nadveren, hvad er vel det? Men ser man på spørgsmålet om læren, er det de helt store ting, vi har at gøre med. Sekt-ånden er jo alt for letsindig og ramler alt for frækt frem. Læren ringeagter han, og handlingen tillægger han den allerstørste betydning. Bjælken i sit eget øje ser han ikke, men er fuldt optaget med splinten i vort. For med sin lære angriber han de samvittigheder, som Kristus har købt fri med sit blod. Og med bud og påfund slår han de sjæle ihjel, som Gud har købt så dyrt. På den måde bliver Kristi rige fordærvet, og alt det som evangeliet bringer os, bliver udryddet. For Kristus kan ikke forblive i den samvittighed, som bedriver hor med fremmed lære og menneske-bud. Da er troen nødt til at bukke under. Derfor skal alle og enhver vide, at Karlstadt har en ånd, som står Kristus og evangeliet, troen og hele Guds rige imod, for han vil forkvakle det med menneskepjat og egne tanker, sådan som du kan slutte dig til af det, som er sagt og skal få at høre endnu tydeligere i det følgende.

Når han belærer os om, at Kristus ikke løftet nadveren op under fejringen af nadveren, så sender vi en venlig tak tilbage. Selv om vi nok vidste det fra før af, mindst lige godt som ham. Det vi snakker om her, er imidlertid læren, ikke handlingen, og derfor må vi bede om, at han påviser, hvor det er, *Kristus lærer eller forbyder dette.* Hvor det er, han undlader at gøre det, véd vi allerede. Vi mener nemlig, at det ikke er nødvendig at gøre og undlade at gøre alt det, som Kristus gjorde og lod være at gøre, ellers måtte vi jo også gå på vandet og gøre alle de undergerninger, han gjorde. Og på den anden side afstå fra ægteskab, undlade at tage del i samfundets styre og holde os borte fra mark og plov og alt det, han lod være at gøre. For det, som han ville at vi skulle gøre og lade være at gøre, har han ikke nøjes sig med at gøre eller undlade at gøre, men har desuden påpeget med ord, med bud og forbud, hvad vi skulle gøre og afstå fra at gøre. Når han i Joh 13, 15 siger: ”Jeg har givet jer et forbillede, for at I skal gøre, ligesom jeg har gjort mod jer,” er det ikke Lazarus, som han havde opvakt fra de døde, han henviser til, men fodvaskingen.

Derfor accepterer vi ikke noget eksempel - ikke om det så er hentet fra Kristus selv, og endnu mindre, hvis det stammer fra andre hellige - *med mindre Guds ord følger med og tyder det*, sådan at vi véd, hvilke vi skal følge og ikke følge. Selve handlingen eller eksemplet er ikke nok. Nej, vi vil ikke følge noget eksempel. Det er ordet, vi vil have, for det var af hensyn til det, alle gerningerne, eksemplerne og underne skete. Han er nemlig så klog og forudseende, og også så omhyggelig, at han med ord har vist os alt det, han vil have påbudt eller forbudt. Nuvel, kom igen alle sekt-ånder, sværm bare trøstig frem og vis os, hvor Kristus med så meget som en stavelse har forbudt at løfte nadveren op! Når I larmer og hævder, at det er et forbud fra Kristus. Hvor står forbudet? Jeg tænker, at det forholder sig med det, som med bruden i natkjole i Orlamünde eller brudgommen med strømperne i Naschhausen.

Hvis man skulle følge den regel, at man strikt skal holde sig til Kristi eksempel og ikke til ordet alene, så ville det have den konsekvens, at vi

62

ikke kunne fejre nadver noget andet sted end i det samme rum i Jerusalem. For hvis man først skal overholde den ydre fremgangsmåde så strengt, må man også passe strengt på sted og personer. Da vil resultatet i sidste instans blive, at nadveren kun skulle fejres af disciplene, for det var kun dem, han engang talte til og gav befaling om at gøre det. Det Paulus siger i 1 Kor 11, vil i så fald blot blive narreværk. Videre: Fordi vi ikke véd, og fordi teksten ikke fortæller, om det var rødvin eller hvidvin, hvedebrød eller bygbrød, må vi vente med hele nadveren til tvivlen er erstattet med vished, sådan at vi ikke kommer til at gøre en eneste ydre ting så meget som en hårbredte anderledes end Kristi eksempel viser. Ja, vi må også spise påskelammet på jødisk maner. Fordi teksten videre heller ikke fortæller, om Kristus tog nadveren i sine hænder og selv rakte det til hver enkelt, må vi også vente til vi får kundskab om det, for at vi ikke så meget som rører ved det på nogen anden måde end Kristus. For hvis vi skulle komme til at gøre noget forkert, så er sekt-ånden på pletten og skråler at vi halshugger, myrder og korsfæster Kristus. Så mageløst vigtig er dette, og i den grad er det en salighedssag - langt mere end Kristi sår, blod, ord og Ånd.

Ak, denne blindhed og dette forvrøvlede sværmeriet fra disse store himmelprofeter, som *praler af at de snakker med Gud daglig*! Børn ville skamme sig over at skabe sig så groft. Her må jeg huske på en profeti, som blev fremsat om Karlstadt dengang, da han først sluttede sig til vores lære. Den lød sådan: "Ja, Karlstadt kommer ikke til at holde fast ved det i længere tid. Han er ustadig og har aldrig nogensinde holdt fast ved noget." Dengang var jeg ikke villig til at tro på det, men nu er jeg nødt til at se det i øjnene, fordi han helt og holdent er faldet tilbage fra troen til gerningerne igen, og desværre til og med menneskegerninger eller fornuftsgerninger, han selv har fundet på. Derfor slår vi nu fast, at vi med hensyn til nadveren gør alt det, som Kristus har påbudt med ord, når han siger: "Gør dette til minde om mig." Men det, som han ikke har forbudt, gør vi frit, fordi vi har lyst, og siger, at det hverken skal påbydes eller forbydes, ligesom han hverken har givet nogen påbud eller noget forbud.

Og selv om jeg var i færd med at afskaffe opløftningen, vil jeg alligevel ikke gøre det nu. For jeg vil gøre modstand mod sværmerånden endnu en stund, når den vil forbyde det og gøre det til en synd og jage os bort fra friheden. For hellere end jeg ville vige en hårbredde eller et sekund for sjælemorderånden og give slip på friheden (sådan som Paulus forkynder den), ville jeg den dag i morgen blive en så streng munk og holde så krampagtig på hele klostervæsenet, som jeg nogensinde har gjort. *Den kristne frihed* skal man nemlig ikke lege med, den vil vi beholde lige så ren og ubeskåret som vores tro, om det så var en engel fra Himlen, som sagde nogen andet (Gal 1, 8). Den har kostet vores kære, trofaste Frelser og Herre, Jesus Kristus, så meget, og vi er så afhængige af den, at vi ikke kan undvære den, om vi så skulle miste saligheden.

På denne baggrund skal du bare have opmærksomheden med dig og teste om ikke Karlstadts ånd hele tiden er på jagt efter, hvordan den skal få revet os bort fra ordet og over på gerningerne. For at han desto bedre skal lykkes i det, holder han det tilsyneladende mest imponerende af alt op for dig, Kristi egne gerninger, så du skal blive skrækslagen og tænke: Kære, hvem skulle ikke følge Kristus? Samtidig fortier han ordet, for han har ikke et eneste at vise til i denne sammenhæng. For efter at han har måttet indse, at vi ikke vil bryde os om menneskeord og menneskegerninger, de være sig så hellige eller gamle, de være vil, men alene vil have Kristus til mester, deler den skurk Kristus i to dele. På den ene side den Kristus, som uden ord gør og lader være at gøre bestemte ting. På den anden side Kristus, når han med ord gør og lader være at gøre bestemte ting. Og så udspekuleret er han, at han kun fremholder den Kristus, som uden ord gør og lader være at gøre ting. - Og det er her, hvor vi ikke skal følge ham. Og fortier det, vi skal følge, nemlig når Kristus med ordet gør eller afstår fra at gøre noget.

Ser du ikke Djævelen selv i dette? Tidligere forførte han os ved hjælp af helgener, nu vil han forføre os ved hjælp af Kristus selv. Vogt dig vel. Hvor du ikke hører Guds ord befale eller forbyde dig noget, skal du ikke lade dig forvirre eller føre noget sted hen. Ikke om det så var Kristus selv, som gjorde det. Er ikke det sagt klart nok? "Dit ord er min lygte," hedder det i Salme 119, 105. Ordet, ordet er det, som afgør det, hører du det? Om man nu foreholder dig, hvad Kristus gjorde, så skal du frejdig svare: "Javel, så gjorde han det da, men har han lært og påbudt os at gøre det?" Ligeså når man foreholder dig at det og det gjorde Kristus ikke. Svar frejdig: "Har han også forbudt os at gøre det?" Og hvis de så ikke er i stand til at vise dig til nogen ord af ham, så skal du sige: "Gøre mig her og undlade at gøre mig der, det rager mig ikke det ringeste. Det er heller ikke eksempler, men er gerninger, han udførte på egne vegne." Svarer de da: "Alle Kristi handlinger er vores instruktion," så lade dem bare sige det, men se godt efter, hvad han mener med "instruktionen". For det er et menneske, som har sagt det, det vil sige en, som står på lige fod med dig selv.

Sådan går det nu engang til her i verden, som ordsproget siger, at den, som ikke kan synge, bestandig vil synge. Den, som ikke er i stand til at prædike eller skrive, vil netop prædike og skrive. Den, som kan det derimod, kvier sig ved det og gør det modvilligt. Karlstadt, som med dette har dokumenteret at han ikke forstår nogen ting af Kristus, akkurat som han i den tidligere sammenhæng ikke forstod noget af Moses, han må partout prædike og skrive, hvor ingen beder ham om det eller forlanger det af ham. Og dér hvor han bliver pålagt at gøre det, gør han det ikke. Moses lærer han at forstå på en måde, som får den uregerlige pøbel til at gøre oprør og tage retten i sin egen hånd, men forkynde Moses på åndelig vis, hvordan han afdækker synden, og hvordan han i det ydre tvinger rå loddenpelse til gerninger, det gør han ikke og kan han ikke. Derfor laver han sig sin egen Moses. Akkurat på samme måde her også: Han laver sin egen Kristus og forlanger, at vi skal følge hans gerninger uden ord. *Hvordan Kristus først er vores frelse og så derefter hans gerninger med ordet er til eksempel for os, det kan han ikke.* Nej, han véd lige så lidt om Det Nye Testamente som om Det Gamle Testamente. Og han vil skrive om nadveren og den slags ting, som om det var et stort behov for hans gale og blinde evner, ja, eller hans uforstand!

Hvordan skulle det være muligt, at der kunne findes nogen ret forståelse af Moses eller loven, hvordan den lærer os at erkende synden,

Rom 3, 20, og hvordan den tvinger grove folk til at gøre gode gerninger, 3 Mos 18, 4-5, når man tolker den sådan, at pøbelen skal rejse sig og tiltage sig øvrighedens embede og dermed vende op og ned på al orden og hele meningen med loven? Tilsvarende må man spørge: Hvordan er det mulig, at nogen kan forstå Kristus ret - *hvordan han er givet os til liv i troen*, og *hvordan hans ord og gerninger er givet os til eksempel i kærligheden* - når han vil have ham væk og bare er optaget af at vi skal holde Kristi gerninger, som han hverken har påbudt eller forbudt, for at være eksempler, som vi er nødt til at følge? Nej, så må tro og kærlighed gå til grunde sammen med hele evangeliet. Det viser sig også i det, at de taler så nedladende om læren, om troen og kærligheden, sådan som Karlstadt slyngede det i ansigtet på mig i Jena, som om de selv kendte til noget, som var noget helt andet og højere og bedre end som så. De ville bare ikke fortælle det. Det alene ville være nok til, at man kunne slutte sig til, at det er Djævelen, som taler gennem dem, når de gør læren om troen og kærligheden, det vil sige Kristus selv og hans evangelium, til latter.

Nu vender manden tilbage til sin hebraisk og drager til kamp mod os på denne måde: Wittenbergerne løfter nadveren op, ergo anser de det for et offer. Det, de gør, er nemlig netop det, Moseloven foreskriver, hvor der fandtes to slags ofre, løfte-ofre og sving-ofre. Den, som løfter noget op, forretter jo et løfte-offer. - Det er mig virkelig en flot præstation. Hvis ikke det er blindhed, hvad er da blindhed? Alt det man løfter op, kalder denne ånd for et offer og argumenterer ved at gøre en enkelt ting til en universel. Det gør han på denne måde: I loven omtales én opløftning, som er et offer, ergo er al opløftning et offer. Det lyder akkurat som, hvis jeg ville sige: Der findes én sort ko i Orlamünde, ergo er alle køer i hele verden sorte. Med den nye lægmand og bonde må jeg snakke lægmandssprog og bondesprog. Her ser vi endelig, hvad ploven fra Naschhausen er i stand til at udrette. Det, han pralede af i Jena, at den skulle gøre alle doktorer i verden til skamme. Når en tjenestepige herefter løfter spejlet op, for at se sig i det, så ofrer hun det. Når bonden løfter øksen for at hugge, så ofrer han øksen. Når moren løfter barnet op og kysser det, så ofrer hun det. Ergo handler hun i strid med Kristi forbud, halshugger, myrder, slagter, korsfæster Kristus og gør alt det onde, som de gør, der ofrer Kristus, sådan som sekt-ånden tordner frem. Ploven i Naschhausen har jo sagt det: Den, som løfter, han ofrer.

Sig mig, har denne bonde ikke gjort sig herlig nok fortjent til, at man blokkerer ploven forsvarlig for ham? Men på den måde er det nu engang, at Gud skal styrte dem som sætter sig op mod kendskabet til Gud og tager sit eget frem i stedet. Egypten bliver ikke bare slået med ganske almindelig mørke, men med et mørke, som man kan tage på med hænderne (2 Mos 10, 21). Dette er virkelig at miste fornuft, sans og samling, skulle jeg mene. Ikke engang papisterne selv har nogensinde været gale nok til at have den opfattelse, at de ofrede nadveren ved at løfte det i vejret, selv om de holder det for at være et offer af andre grunde. Nej, de løfter det i vejret for at vise folket det og minde dem om Kristi lidelse osv. Derfor siger præsten heller ikke et ord, hverken om offer eller nogen andet, idet han løfter det op. Hvordan skulle vi så ofre det ved at løfte det op, når vi kæmper for det syn, at det ikke er noget offer?

Men det er samme sang, han altid synger, nemlig at det ydre, som kan ses, er hovedsagen og det er efter disse ting, man skal bedømme alt det, hjerte, mund, pen og hånd bekender. Derfor er det ikke nogen hjælp i, at vi tror af hjertet, bekender med munden, vidner med pennen og viser i handling, at vi ikke holder nadveren for et offer. Vi løfter det jo fortsat op. Så stærk er opløftningen, og den alene har så stor betydning, at den overdøver og fordømmer alt det andet. Er det ikke fortærende med en ånd, som driver og gøgler med det ydre, som kan ses, imod sandheden i ånden? Hvis man bare vil afstå fra i det ydre at løfte nadveren op, ja, så ville man være rette, afklædte, nøgne brude. I hjertet kunne man så tro akkurat, hvad man vil.

Men om denne pukken på ydre ting er det sagt nok i det foregående. Det, som nu er om at gøre, er at jeg får trukket ånden frem i dagslyset, så man kan se, at det bare er narreværk, han er i gang med. Om hovedstykkerne i den kristne lære véd han ikke noget ordentlig at sige, men narreværket bruger han så svulstige ord på og lægger den så tungt på samvittighederne, at man skulle tro, at det var den, som var hovedsagen og det, alt står og falder med. Dette må gøres, for at enhver kan vide at vogte sig for denne ånd, som bestandig er ude på at oprette nye trosartikler, hvor Gud ikke véd af nogen, og at presse en ny lære ind, som han ikke har fået befaling om.

Men dette har jeg sagt under den forudsætning, at det var sandt og godtgjort, at når der finder en opløftelse sted, så er det et offer, sådan som denne ånd foregøgler. For der findes jo ikke et menneske på jorden, som kalder det at løfte op for et offer - bortset fra denne ånd, som digter dette sammen og forsøger at få påført os det, fordi han ellers ikke ville have haft noget at skrive om. Han vil heller ikke nogensinde kunne vise et sted, hvor det at ”løfte op” betyder ”ofre”. Ja, han glemmer til og med, hvad han selv har sagt dér, hvor han påstår, at ofre er det samme som at slagte, dræbe, halshugge, myrde, brænde osv. Men hvem er så tåbelig at han vil påstå, at det at løfte noget op er det samme som at slagte, dræbe, myrde, brænde? Bortset fra denne ånd, som måske også lærer et nyt tysk af sin himmelstemme. Men han dundrer på vej og slås mod sig selv, om at den, som løfter op, han ofrer.

Når han fremdrager de to hebraiske ord tenuphah og terumah, som jeg har oversat med ”svingningsoffer” og ”opløftningsoffer” eller med at ”svinge” og ”løfte”, gør han det udelukkende for at demonstrere sine evner i hebraisk, sådan at verden skal falde i staver over, at ploven fra Naschhausen til og med kan hebraisk. Rigtignok ikke det almindelige, som folk er vant til, men det nye, som ånden daglig lærer med hjælp fra himmelstemmen. Mit hebraisk lærer mig nemlig, at før man efter lovens regler ofrede noget, måtte man først løfte og svinge det. *Når det skulle løftes og svinges, var det for at man skulle bekende og takke Gud for gaven, ikke en gave som ofres eller gives til Gud, men som er modtaget fra Gud.* Det samme sagde jeg ovenfor om ordet ”missa”. Først derefter blev det ofret og sat ild til, efter at det var løftet op og svinget rundt. Dermed kan ”løfte” og ”svinge” heller ikke i loven være at ofre. Nej, ikke på nogen måde. Så flot forstår denne ånd sig på Moseloven og hebraisk, og alligevel er han så umættelig sulten efter at bygge trosartikler på sine drømmerier og vil snøre dem så kvælende omkring samvittighederne, at de skal være Kristi mordere, bødler og drabsmænd, hvis de løfter nadveren op. Men sådan er det. Djævelen må altid have munden fuld af bagvaskelser for at forvrænge Kristus.

Karlstadt er faldet ud af Kristi rige og har lidt skibbrud på troen. Det er derfor, han også vil have os ud og lige ind i gerningerne igen. Han vil intet mindre en at lave galatere ud af os. Kære folk, se bare hvilken grov blindhed det er, når han argumenterer på denne måde: ”Den, som lader sig omskære, skulle han ikke med rette kaldes en jøde?” Derfor: Den, som løfter nadveren op, skal med rette kaldes en, der ofrer, osv. Stakkels ynkværdige ånd, hvor har du nu læst, at den, som lader sig omskære, med rette skal kaldes en jøde? Omskar Paulus ikke Timotheus, og det efter at han var døbt og var blevet en kristen, ApG 16, 3? Erklærer Paulus ikke, at omskærelsen er en frivillig sag, 1 Kor 7, 19: ”Om man er omskåret eller ej, betyder ikke noget” Altså kan man lade sig omskære eller lade være, have forhud eller lade være. Alligevel fælder denne ånd friskt og frækt dom stik imod den dom, Paulus fælder. Det er ikke en frivillig sag at lade sig omskære, det er noget, som gør en til jøde. Det, han burde have sagt, var dette: Den, som lader sig omskære, fordi loven eller samvittigheden siger, at det er nødvendigt at gøre det, han er med rette en jøde. For det er ikke omskærelsen, som gør en til jøde. Man finder jo også eksempler på, at folk på grund af sygdom eller sygt kød, må lade huden skære bort. Skulle de kaldes for jøder af den grund?

Det, som gør en til jøde, er at have en samvittighed, som lader sig tvinge som af loven til at måtte lade sig omskære. Denne jødiske samvittighedsoverbevisning er det, som gør en til jøde, selv om vedkommende aldrig lod sig omskære i det ydre eller kunne lade sig omskære. Forhud gør følgelig heller ikke nogen jøde til hedning, men hvis nogen i sin samvittighed mener, at han må have forhud, så er vedkommende hedning, selv om han lod sig omskære tusind gange i det ydre. Akkurat som Karlstadt egentlig er en hedning og har mistet Kristus, fordi han holder forbudet for nødvendig og fordømmer omskærelsen og ikke lader den være en frivillig sag, sådan som Kristus vil, at den skal være. Her ser man skinnende klart, hvordan denne mand er gået til bunds i gerningsretfærdighed og har drukket sig døddrukken på det, som kan ses i det ydre, sådan at han ikke er i stand til at fælde en eneste ret dom i de åndelige ting, som har med samvittigheden at gøre. Ikke så meget som et glimt af kristen forståelse kan der være i behold hos ham, når han mener, at en ydre handling gør nogen til jøde eller kristen, hedning eller muslim og ikke dømmer efter samvittigheden, men efter det udvendige, som kan ses. Folk som blot har almindelig sund fornuft, gør ikke sådan.

I dette tilfælde skulle han også have sagt som så: Den, som løfter nadveren op, fordi samvittigheden tvinger ham til at tro, at han skal løfte det op, han ville også være jøde. Noget sådant gør vi imidlertid ikke, som han meget godt véd. Derfor var han nok bange for at blive stående tilbage med skammen over at have løjet om os offentlig. Men han så ikke, at han skaffer sig langt større skam ved at lyve mod Gud og sætte forbud op mod en gerning, som skulle være fordømt gennem et forbud fra Gud selv. En gerning, som Gud alligevel ikke har forbudt. Den, som på den anden side ville tvinge folk til ikke at løfte nadveren op, fordi det er nødvendigt at lade det være, han er hedning og gør det samme som Karlstad. Han indfører et nødvendighedsbud for samvittigheden, som Gud alene har ret til at gøre. *Men den, som med fri samvittighed løfter det op eller lader være at løfte det op, alt efter som han har lyst til, han er en kristen.* Det er sådan troen gør, den, som alene og uafhængig af alle gerninger skaber kristne. Ligeså skulle han i næste omgang også sige som så: Den, som løfter nadveren op med den samvittighed og i den overbevisning, at han ofrer det, han er en, der ofrer og en papist. Hvor det er sådan fat med samvittigheden, ofrer man nemlig, om man så aldrig mere løftede nadveren op eller endog sænkede den ned i en dyb brønd. Men hvor det ikke er sådan fat med samvittigheden, ofrer man ikke, om man så løftede det op over alle himle, og hele verden råbte "offer, offer"! Alt afhænger nemlig af samvittigheden, men det ved denne sekt-ånd ingenting om - eller også vil den ikke vide noget om det.

Jeg går ud fra, at det, jeg her skriver, vil være en tålmodighedsprøve at læse for mange, fordi det handler om sådan narreværk. Men hvad kan jeg gøre? Denne gale ånd tvinger mig til det, og trods alt har vi, som før sagt, *den nytte af det, at vi forsvarer og vinder bedre forståelse for vores kristne frihed.* Desuden at vi lærer at kende og se, hvor blind og uforstandig denne falske ånd er i alle ting, sådan at enhver kan vide at trække konsekvenserne af det. For når han ikke forstår en sådan bagatel, men til alt overmål anser den for så vigtig, at han griber ind i Guds eget embede og laver love, synd og samvittighed, hvor dette ikke findes, bryder kristen frihed og fører samvittighederne bort fra forståelsen af nåden og over på ydre ting og skingerninger, sådan at Kristus bliver fornægtet, hans rige ødelagt, evangeliet gjort til latter - ja, hvem kan da vove at håbe på, at han nogensinde vil blive i stand til at skrive eller forkynde noget godt igen? Af disse ting kan man nemlig med sikkerhed bevise, at hvor Kristi Ånd ikke er til stede, må det være Djævelen, som er på færde. Det er det også, og det må enhver se til at handle efter.

At nu messen holdes på tysk blandt tyskere, er noget, jeg sætter stor pris på. Når han vil gøre en nødvendighed ud af det også, som om det måtte være sådan, ja, så er det endnu en gang at gå for langt. Men manden kan bare ikke andet end igen og igen at producere love, nødvendighed, samvittighed og synd. Jeg har ganske vist læst i 1 Kor 14, at den som taler i tunger, skal tie i menighedens forsamling, hvis ingen forstår det. Man hopper imidlertid over, at der står tilføjet "med mindre, der er nogen, som kan oversætte det". Det indebærer, at Paulus tillader, at det tales i tunger, når det blot også bliver udlagt, sådan at man forstår det, som bliver sagt. Derfor giver han samme stedet besked om, at de ikke skal lægge hindringer i vejen for dem, som taler i tunger. Nu giver vi ikke nadveren til nogen, uden at vedkommende forstår ordene i nadveren, og man véd godt, at vi dermed ikke handler i strid med Paulus. Vi opfylder nemlig hans mening, selv om vi ikke tilfredsstiller denne ånd, som bare ser på ydre ting og ikke bryder sig det ringeste om samvittighed eller overbevisning. Det gør heller ikke nogen fra eller til, for vi giver alligevel intet for hans nye trosartikler.

Jeg ville gerne have haft *en tysk messe* i dag. Jeg har den faktisk også *under udarbejdelse. 58* Men jeg vil helst, at den skal være på ordentlig tysk. Ikke at jeg har noget mod, at man oversætter den latinske tekst og beholder den latinske melodi eller de latinske noder, men det lyder ikke ægte og smukt. Både tekst og noder, toneleje, form og bevægelser må komne rigtig fra modersmålet og den røst, som hører sammen med det, ellers er alt sammen bare et ekko af den slags, som abekattene laver. Men nu, hvor sværmere-ånden presser på, at der skal være messe på modersmålet og vil tynge samvittighederne med love, gerninger og synd, vil jeg imidlertid tage mig tid og haste mindre med det end hidtil. Bare for at trodse syndemesteren og sjælemorderen, som vil påtvinge os det, som gerninger, Gud har påbudt, hvad han ikke har.

Den, som går til nadveren med den forståelse, at han har ordene i hjertet, på tysk eller tydelig på anden vis: "tag dette og spis det. Det er mit legeme, osv." og har lært dem gennem den forkyndelse, som går forud og har mærket sig dem og tager imod nadveren på det grundlag, han tager ret imod det og hører ikke blot tungetale, men forstår det, som siges ret. På den anden side: Den, som ikke tager ordene til hjertet og forstår dem og tager imod nadveren på det grundlag, har ingen gavn af det, om der så stod tusinde forkyndere og tudede ørerne fulde med ordene, til de blev blå i ansigtet. For denne gale ånd er det imidlertid bare skin og ydre ting, som betyder noget, sådant som han efter sine egne tanker ustandselig vil gøre nødvendige og gøre til trosartikler, uden at Gud har givet noget påbud om det.

Det Paulus siger i 1 Kor 14, hvor han skriver om tungetalen, forstår han heller ikke rigtig, den nar. Det, Paulus skriver om, er nemlig forkyndertjenesten i menigheden. Den, de skal lytte til og lære af, og om den siger han følgende: Den, som optræder i denne tjeneste og vil læse, lære fra sig eller forkynde, og som alligevel taler i tunger, når han gør det, det vil sige snakker latin til tyskere eller bruger et andet ukendt sprog, han skal tie stille og alene forkynde for sig selv. Der er jo ingen, som kan høre og forstå det eller blive noget bedre menneske af det. Men hvis han vil tale i tunger, skal han også oversætte det til tysk eller udlægge det på anden måde, sådan at menigheden kan forstå det, han siger. Paulus forbyder altså ikke tungetalen så radikalt, som denne syn-demager-ånd gør, men giver menigheden besked om, at de ikke skal forbyde den, når den blot også bliver oversat.

Dette er baggrund for den skik, som har holdt sig i alle lande, at man umiddelbart før prædikenen læser evangeliet på latin. Det svarer til det Paulus kalder at tale i tunger i menighedens forsamling. Men siden prædikenen følger umiddelbart efter og oversætter det til tysk og udlægger det i mundtlig form, falder det ikke ind under det, Paulus forkaster eller forbyder. Hvorfor skulle da jeg eller andre fordømme det?

Gud give, at tingene overalt foregik sådan, at det kunne tilfredsstille den ordning Paulus fastsætter, nemlig sådan at det, som forkyndes efter at evangeliet er læst på latin, ikke er noget andet end en udlægning af selvsamme evangelium. Nu vil denne sværmerånd have fordømt alt det, som Paulus tillader og forbyder nogen at lade være at fordømme det. Han vil ikke tolerere, at det synges eller siges et ord på latin, og Paulus' lære om tungetalen tyder han ikke bare om prædikentjenesten, men lader den gå på alle ydre ting, som er uden betydning - sin vane tro.

Ikke sådan at forstå, at jeg vil modsætte mig, at man alene bruger tysk i messen. Det, jeg ikke vil finde mig i, er, at man af egen trang og tanker og uden dækning i Guds ord sætter forbud mod at læse evangeliet på latin og laver synd, hvor der ikke findes nogen synd. Jeg vil nemlig ikke, at vi skal få sektånden og hans sværmeri til herre og mester i Guds sted. Med sådanne narreværker må man nemlig ikke begrunde eller styrke vores sag mod papisterne, ellers vil vi bare komme til at stå med skammen over for dem. Nej, *det vi skal bygge vores kamp mod dem på, må alt sammen være Guds ord, sikkert og rent,* sådan at de ikke på redelig vis kan finde noget at stille op mod det. For når vi nu snart får den tyske messe, vil det ikke være nok, at man fremsiger nadverordene på tysk. De må jo være fremsagt på forhånd og inden man kommer så langt, at man modtager nadveren, sådan at de, som går frem, har ordene i hjertet og ikke kun i ørerne. Hvad gør det da fra eller til, om de ikke hører det i nadveren, når de bare umiddelbart forud har hørt det og grebet det i prædikenen og bekender det? Ellers måtte man jo skrige ordene ind i øret på hver enkelt af dem, som går frem og indvie nadveren lige så mange gange, som der er antal personer, der tager imod det.

Egentlig ville jeg have svaret på alt i en bog, men jeg har for travlt, og desuden ville den blive for stor. Derfor må jeg bryde af i al hast her og hellere tage fat på en ny om nadveren. Dertil kommer at jeg ikke har fået fat i alle hans giftbøger endnu. Det hedder jo, at man ikke skal gøre pausen lang. Denne bog har jeg skrevet på kort tid. Den anden skal, så sandt Gud vil, følge hurtigt efter. Ham være lov og ære i evighed. AMEN.

Anden del

Jeg tvivler ikke et øjeblik på at denne strid skaber stor glæde og forhåbninger hos papisterne. De regner nok med at hele foretagendet går mod afslutningen. Skidt lad gå, lad dem bare prale og skaffe sig godt mod på vores bekostning. Ofte nok og længe nok har jeg for min del sagt at hvis det, jeg har givet mig i kast med, er af Gud, så skal ingen være i stand til at stoppe det. Er det ikke af Gud, må de overtage det, de som vil. Da skal jeg sandelig ikke holde det oppe. Jeg har ingenting at tabe på det, for jeg har ingenting vundet ved det. Men det véd jeg godt, at ingen anden end Gud alene skal kunne tage det fra mig. Og selv om disse ærgrelser gør mig ondt, så er jeg alligevel glad for, at Djævelen kommer frem i dagslyset og bliver afsløret gennem disse himmelprofeter. Længe nok har de lusket omkring og gemt sig uden nogen sinde at begive sig ud på åben mark, før jeg fik lokket dem frem ved hjælp af en gylden. Det fortryder jeg ikke, for det var ved Guds nåde vel anvendte penge.

I Guds navn, der er ingen nød. Jeg véd og er aldeles sikker på, hvem det er, som er mesteren her. I mange hårde stød har Han aldrig svigtet mig hidtil, og Han kommer heller ikke til at svigte mig i denne kamp. Derfor må man bare være ved godt mod og ikke lade sig skræmme, hvem som har fået evangeliet betroet. Vi er glade og fulde af fortrøstning og mod, og det er tungsindige, svage, forsagte og sørgmodige ånder, vi har at slås mod. De lader sig skræmme selv af et blad, som rasler i vinden. Det eneste, de ikke frygter for, er - som ugudelige mennesker har for vane - Gud, Salme 36. Hans ord og gerninger gør de vold imod. Grund til det er, at Han er skjult og ikke lader sig se eller kende. Havde han været til stede som et menneske i synlig skikkelse, kunne han have jaget dem af sted med et halmstrå.

Det denne ånd har foretaget sig, er nemlig dette: Først sneg han sig omkring i landet på kryds og tværs, kastede sin snøre ud i al hemmelighed, for at se, hvor han kunne finde nogen, som ville bide på. Når han nu regner med, at han har fået sig en tilhængerskare, træder han trodsig frem og mener, at han har vundet spillet. Men hans trods bygger ikke på Gud, som snakker med dem, sådan som de praler af, men på pøbelens tilfældige indfald, det vil sige på kød og blod. For den, som Gud driver til at tale, står frem offentlig og i fuld frihed, om han så står alene og uden en eneste tilhænger. Sådan som Jeremias gjorde (Jer 2, 2ff.), og *sådan som jeg også kan prale af, at jeg gjorde.* Derfor er det visselig Djævelen, som sniger sig ind i hemmelighed og med underfundige kneb, og som bagefter undskylder sig med, at han til at begynde med ikke var stærk nok i ånden. Sådanne undskyldninger kommer Guds Ånd ikke med, min bedste Satan. Jeg kender dig nok.

Men endnu har den rigtige Djævel ikke vist sig. Han har andre planer. Det har jeg lugtet for længst. Det kommer nok, når Gud vil. *Gudskelov er tingene kommet så langt, at det ikke står og falder med mig længere.* Der findes nok af folk, som kan give sådan en ånd svar på tiltale. Men så længe der er liv tilbage i mig, vil jeg også være med i spillet. Jeg véd godt, at Karlstadt længe har været i færd med at kokkerere på denne ret i sit hjerte. Han har blot ikke fundet anledning til at servere den. Jeg har også været klar over, at han ikke ville være i stand til at gøre det stort bedre end han har gjort det, og at det er ganske forgæves, når han går og gumler på sine kloge tanker. For mod Gud forslår ingen kunstner, ingen klogskab, ingen digterfantasi. Med ét eneste ord kan han gøre det til skamme alt sammen. Han véd, at menneskenes tanker er forgæves.

Hvis der nu findes nogen, som er så svag, at han ikke tåler modstand og er kommet i tvivl om nadveren, så skal han slå sig til tåls og forblive uden nadver, men øve sig i Guds ord, i troen og kærligheden og overlade til dem som er trygge i sin samvittighed at omgås nadveren. *Du er ikke fordømt, hvis du forbliver uden nadveren.* Men til papisterne, som fryder sig over denne forargelige kontrovers, skal det siges, at de bør tage sig i vare og ikke forhærde sine hjerter, for Gud har ofte nok ladet som om Han var så naragtig og svag at både Hans ord og Hans værk var i færd med at gå til grunde - blot for at forhærde og forblinde de ugudelige på den måde. Netop i sådanne situationer er det, Han har trådt frem allerstærkest. Og de, som forhærdede sig og lod sig blinde af dårskaben og svagheden, omkom på de skrækkeligste måder. Sådan gik det med jøderne på grund af Kristi kors, og med hedningene på grund af martyrenes lidelser.

Men fordi Djævelen kaster tingene hulter til bulter og er lige så rodet og forvirret i det, han skriver, som Karlstadt er i hovedet - det er så kaotisk og klodset skrevet, at det er et grænseløst slid at læse og endnu værre at huske - vil jeg prøve på, om jeg kan få bragt vrangskabet og giftstoffet i en slags orden og tage afsnittene for mig ét efter ét. Først af alt vil jeg da trække det frem, som er hovedtendensen i al hans larm, sådan at læseren kan få en lyskaster, som gør det mulig at se og genkende denne ånd ordentlig. Meningen er som følger:

Af sin store godhed har Gud givet os det rene evangelium tilbage, den ædle og dyre skat, som er vores frelse. *Med denne gave må også følge troen og Ånden i menneskets indre, i en god samvittighed*, sådan som han lover i Es 55, 11, hvor det hedder, at hans ord ikke skal vende tomt tilbage, og i Rom 10, 17: "troen kommer af forkyndelsen." Dette evangelium hader Djævelen og vil ikke tåle det, og fordi han hidtil ikke har magtet at hindre det med vold eller sværd, forsøger han sig nu med list (sådan som han altid har forsøgt) og med falske profeter. Derfor beder jeg dig, kristne læser, om at se her. Om Gud vil, skal jeg nok få klædt Djævelen af i disse profeter, så du kan se ham skinbarlig. Det er ikke i min egen interesse, men til dit bedste, jeg skriver dette. Sådan er det, at det går til:

Når nu Gud har ladet sit hellige evangelium udgå, handler han med os på to forskellige måder, den ene i det ydre, den anden i det indre. I det ydre handler han med os gennem evangeliets mundtlige ord og gennem legemlige tegn sådanne som dåb og nadver. I det indre handler han med os gennem Helligånden, troen og andre gaver. Men alt sammen på den måde og *i den rækkefølge* at det er de ydre ting, som skal og må komme først. De indre kommer bagefter og *gennem de ydre*, for han har bestemt, at han ikke vil give noget menneske de indre ting på anden måde end gennem de ydre. *Han vil ikke give nogen Ånden eller troen uden det ydre ord og de ydre tegn, som han har indstiftet til formålet.* Sådan som han siger i Luk 16, 29: "De har Moses og profeterne, dem kan de høre!" Derfor er det også at Paulus kan kalde dåben et genfødelsens bad, hvor Gud rigelig udøser Helligånden. Tit 3, 5-6. Og det mundtlige evangelium kalder han en guddommelig kraft, som frelser alle dem, som tror på det, Rom 1, 16.

Denne rækkefølge skal du give agt på, broder, for det er her, det hele ligger. For selv om denne sektånd foregiver, at han lægger stor vægt på Guds ord og Ånden og praler af sin overstrømmende kærlighed og nidkærhed for Guds sandhed og retfærdighed, så er hele hensigten hos ham alligevel dette, at *han vender op ned på denne rækkefølge* og knæsætter den modsatte ud fra egne tanker. Sådan får han det da til at tage sig ud: For det første: Det, som Gud har fastsat af ydre ting, for at lede til Ånden i det indre, sådan som vi har beskrevet, ak, hvor hånlig og nedladende fejer han ikke det til side og *vil direkte til Ånden* i stedet? Ak, siger han, skulle en håndfuld vand rense mig fra synder? Nej, Ånden, Ånden, Ånden i det indre er det, som skal til. Skal brød og vin kunne gavne mig noget? Skulle det at ånde på brødet kunne bringe Kristus ind i nadveren? Nej, nej, det er åndeligt, man må spise Kristi legeme. Dette har wittenbergerne ingen anelse om. De bygger troen ud af bogstaverne. Sådanne storslagne ord er det, han strør om sig i hobetal. Den, som ikke kender Djævelen, kunne fristes til at tro, at det var fem Hellige Ånder, de havde for sig.

Men når man nu spørger dem, hvordan man så kommer i besiddelse af selvsamme høje Ånd, *så viser de dig ikke til det ydre evangelium, men til slaraffenland.* De siger: *Stå bare helt stille,* sådan som jeg har stået, så kommer du også til at erfare det. Så vil *stemmen fra Himlen* komme, og *Gud selv vil tale med dig.* Spørger du videre efter, hvad denne stilhed egentlig er, så véd de præcis lige så meget om det, som Karlstadt ved om græsk og hebraisk. Ser du ikke Djævelen på færde i dette? Ser du ikke, hvordan han spærrer munden op på dig og får dig til at måbe over ordene "Ånd, Ånd, Ånd!". *Samtidig som han river bro, vej, stige og alt væk, som Ånden skal bruge for at komme til dig, nemlig den ydre ordning, som Gud har fastsat i det tegn, den legemlige dåb er og i Guds mundtlige ord.* Det, han vil lære dig, er ikke, hvordan Ånden kommer til dig, men *hvordan du skal komme til Ånden.* Du skal lære at flyve på skyerne og ride på vinden. Hvordan det skal ske eller hvornår det skal ske eller hvad det går ud på - se, det siger de ikke noget om. Du skal blot erfare det på samme måde som dem.

På tilsvarende vis opstiller de ting, hvor Gud ikke har fastsat nogen ydre ordning, aldeles som om de var fra forstanden. Ligesom de opdigter en egen indre "Ånd", på samme måde opretter de egne ydre ordninger, hvor Gud hverken har givet påbud eller forbud: For eksempel skal man ikke have billeder, ikke kirker, ikke altre, ikke kalde noget "messe", ikke kalde nadveren "sakramente" eller løfte elementerne op, ikke bruge messehagel, kun gråt tøj, kalde alle for "kære nabo", slå ugudelige fyrster ihjel, ikke finde sig i nogen uret, fokusere på ydre ydmyghed og fagter, som de selv hitter på, og som Gud ikke bekymrer sig om. Den, som bærer sig anderledes ad end dem, han er dobbelt papist. Han henretter og myrder Kristus og må være en rigtig skriftlærd. Den, som gør alt dette derimod, han er sprunget lige ind i Ånden med støvler og fuld oppakning og er en åndslærd. Mageløse hellige! Spørger du dem, hvem det er, som giver dem besked om alt dette, så strækker de hænderne i vejret: Åh, det er min Gud som siger det. Ånden giver også ordre om det. *Ja, alle deres drømmerier er ikke andet end Guds ord.* Hvad synes du om sådanne typer? Ser du klart, hvem denne ånd er?

Ikke nok med det. Hvad Gud har gjort til noget indre, som for eksempel troen, det betyder ingenting. Nej, de turer frem og presser alle ydre ord og alle Skriftsteder, som fremhæver den indre tro til at tale om en ydre, ny måde at slå det gamle menneske ihjel på. De opdigter en masse "dødelse", "studering", "undring", "stilhed" og lignende påfund, som der ikke står så meget som et bogstav om i Skriften. Sådan har det sig, at min gode Karlstadt plumper i som en so, der blot æder perlen eller en hund som har slugt hele helligdommen (Matt 7, 6). Alt det, Kristus siger og fastslår om den indre tro, river han i stykker og lader det gå på sådanne ydre påhits-gerninger, og det så grundig, at han til og med reducerer Kristi nadver og ihukommelse og erkendelsen af Kristus til en menneskelig gerning, som bare er til for at vi også skal slå os selv ihjel med "begærlig varme" og "brændende lyst". (Sådanne udtryk er det, de bruger!). På den måde laver han et sådant tågehav, at man ikke skal få øje på det lysende klare ord, hvor Kristus siger: "Mit blod udøses for jer, til syndernes forladelse". Ord, som det med sikkerhed blot er mulig at gribe, modtage og beholde med troen og ikke med nogen gerning. Det skal vi se, når vi kommer så langt.

Lad dette være sagt som en pegepind, sådan at du véd, hvad det er, som kendetegner denne ånd: At den direkte går på tværs af Guds ordning. Det, som Gud fastsætter om den indre tro og om Ånden, laver de menneskeværk ud af. Det, Gud fastsætter om det ydre ord og de ydre tegn derimod, laver de en indre "Ånd" ud af og *sætter det at slå kødet ihjel allerførst, foran troen, ja, til og med foran ordet*. De farer altså (sådan som Djævelen har for vane) ud, hvor Gud vil ind og ind, hvor Gud vil ud. At jeg nu snakker om Djævelen, skal ingen undre sig over. Karlstadt interesserer mig nemlig ikke. Det er ikke ham jeg er ude efter, men den, som har besat ham og taler gennem ham. Som Paulus siger: "Det er ikke kød og blod, vi kæmper mod, men mod ondskabens åndemagter i himmelrummet." (Ef 6, 12)

Så hold nu du for din del fast på *Guds orden*, kære bror, nemlig at det at slå det gamle menneske ihjel, og som er at følge Kristi eksempel, sådan som Peter siger (1 Pet 2, 21), ikke skal være det, som kommer først, sådan som denne Djævel vil have det, men det, som kommer siden. *Det betyder, at ingen kan slå kødet ihjel, bære korset eller følge Kristi eksempel, uden at han på forhånd er en kristen og gennem troen ejer Kristus som en evig skat i hjertet.* Ham får man imidlertid ikke fat på gennem gerninger (sådan som disse profeter skråler om), men kun ved at lytte til evangeliet. *Rækkefølgen er altså sådan*: Først og forud for alle gerninger og alle andre ting, hører man Guds ord, hvor Ånden straffer verden på grund af synden, Joh 16, 8. Når synden er erkendt, hører man om Kristi nåde, og *i ordet om denne nåde kommer Ånden og giver troen*, hvor og til hvem, Han vil. Derefter fortsætter det med korset, med at kødet slås ihjel og med kærlighedsgerningerne. Hvis nogen kommer og lægger en anden rækkefølge frem for dig, så tvivl ikke på, at det er Djævelen, som er på færde, sådan som det er med denne Karlstadt-ånd, som du yderligere skal få at se.

Vel, til sagen, om Gud vil.

For det første, kære barn, se nu bare, hvor meget unyttigt denne ånd kommer frem med omkring ordet og betegnelsen "sakramente". Her optræder soen i fuld rustning. Det er synd og skam, at man skal være nødt til at ofre opmærksomhed på det, men det er ingen vej udenom, siden ånden blæser sig så storartet op og hævder at Kristus og apostlene ikke brugte denne betegnelsen, at han vil have et ord fra Bibelen, at det er Gud, som skal sætte navn på det, han har skabt, og at vi mennesker ikke skal sætte navn på guddommelige ting. Til slut gør han sig til jøde og kalder det "sekerment". Jøderne spotter jo os kristne og kalder det "Seker theminith", det betyder en falsk lignelse, mens det hebraiske sprog fra Naschhausen, som du her ser, siger "sekerment" og gør "ment" til billede. Hvad skal nu denne ordpragt tjene til? Til at få den gale pøbel til at lukke munden og næsen op og sige: "Se, det er mig sandelig noget. Her er en mand, som har styr på sagerne. Her er Ånden!"

Men, som jeg har påpeget ovenfor, er hele hensigten i bund og grund, at det er det ydre navn og skindet, som Gud hverken har givet nogen påbud eller forbud om, som er det rette hovedstykke. Akkurat som han drev på med navnet "messe" og med det at løfte nadveren op, som vi har set. Den, som nu ikke kalder det "sakramente", han har Ånden og er hellig. Den, som kalder det "sakramente" derimod, han kalder sort for hvidt, forfører folk og leder dem bort fra Gud og gør sig skyldig i alle slags andre grufulde laster. Han fornægter kort og godt Kristus. Er det ikke fortrædelig, at denne gernings-ånd laver et så stort nummer af ingenting? Nuvel, du sjælemorder og synde-ånd. Vi vedgår, at Gud ikke har kaldt det et sakramente og heller ikke har givet påbud om at kalde det et sakramente, men sige mig til gengæld: Hvor har han da forbudt at gøre det? Kom med en eneste lille henvisning, hvis du kan? For hvem har vel givet dig magt til at forbyde det, som Gud ikke forbyder? Hvordan kan du være fræk nok til at lave en så stor synd, hvor Gud ikke vil vide af nogen? Er du ikke selveste sjælemorderen, som sætter sig i Guds sted over os, tager vores kristne frihed fra os og underlægger sig samvittighederne?

"Ja, men I kalder det ikke sådan som Kristus og apostlene gjorde." Hvorfor lyver du så groft? Vi kalder det også for Herrens nadver eller for Herrens brød og bæger, som vi læser hos apostlen i 1 Kor 11! Skulle du have haft noget at anklage os for, din gale ånd, så måtte det have været at "de påbyder at kalde det et sakramente og forbyder at kalde det Herrens nadver." Havde du været i stand til at føre bevis for en sådan anklage mod os, ja, da havde din bitre og giftige vrede ramt os. Men når vi nu hverken udsteder påbud eller forbud, men af fri samvittighed kalder det et sakramente, så er du en Kristus-fornægter og Kristus-spotter, når du uden Guds befaling, bare af egen trang forbyder, fordømmer og taler nedsættende om denne frihed, som Gud har vundet for os og givet os. Du laver en sådan nødvendig, åndelig sag ud af disse ydre ting.

Skulle jeg ikke kunne nævne min Herre Jesus Kristus ved et navn som ikke står i Skriften? Hvad om jeg kaldte ham "mit hjertes kronjuvel", "mit hjertes fryd", "min rubin" – forudsat, at jeg ikke hængte samvittigheden op på det, som om jeg var nødt til at kalde ham akkurat dette og ikke noget andet? Men hvor findes disse navne i Skriften? Videre, hvis vi nu skulle tale om dåb og nadver på samme tid, hvordan skulle vi så løse den opgave? Det findes ikke noget navn i Skriften, som omfatter alle sakramenter eller tegn. Her ville vi altså blive nødt til at tie stille eller afstå fra at tale om alle sammen under et, ellers kom disse profeter til at dømme os som Kristus-fornægtere. Videre er det sådan, at det findes mange trosartikler, mange lærestykker i den kristne lære, mange kapitler i Bibelen. Disse betegnelser, "artikel", "stykke", "kapitel" står ikke i Bibelen, følgelig kan vi ikke længere tage chancen med at tale om trosartiklerne, om lærestykkerne, om kapitlerne i Bibelen. Ja, hvad vil de gøre, himmelprofeterne? De bruger jo også betegnelsen kapitel, når de citerer fra Skriften? Er de så ikke også Kristus-mordere - og det efter deres egen dom - siden de sætter navn, som ikke står i Skriften, på guddommelige ting?

Havde det været narrer, som gøglede på denne måde under faste-lavns-løjerne, havde det været i sin skønneste orden. Men når sådanne høje ånder og himmelprofeter gøgler i så alvorlige sager og bagefter vil gøre dem lige så vigtige, som hovedsagerne i kristendommen, da er det virkelig ikke nogen god ånd, som er på færde. Hvad slags lys kan der findes inde i hovederne, hvor et så håndgribelig mørke råder? Dette siger jeg, for at afdække Djævelen for øjnene af dig og vise ham ganske konkret, sådan som jeg sagde ovenfor. Se derfor bare på skurken, hvor-dan han opretter ydre ordninger, hvor Gud ikke har givet påbud og laver "Ånd" ud af det, han selv digter sammen. Samtidig som han til-intetgør og ødelægger den kristne frihed, vi har i Ånden og i samvit-tigheden. Kære, lad det ikke være nogen bagatel, at folk opretter for-bud, hvor Gud ikke forbyder noget. At de ødelægger den kristne fri-hed, som har kostet Kristi blod. At de tynger samvittighederne med synder, hvor der ikke er nogen synd. Den, som gør dette og vover at gøre det, han vover også at gøre alt andet ondt. Ja, han fornægter alle-rede alt det, Gud er, lærer og gør og Guds Kristus med. Da er det heller ikke til at undre sig over om han i nadveren insisterer på, at han kun vil vide af brød og vin og anretter endnu flere ulykker. Hvornår har Djævelen nogensinde gjort noget godt?

Hør derfor godt efter, bror: Du véd, at vi for den kristne friheds skyld - akkurat som når det gælder hver enkelt af trosartiklerne - skal ofre liv og lemmer og gøre det, man opstiller forbud mod og undlade, alt det, man giver påbud om. Sådan lærer Paulus i brevet til galaterne (Gal 5. 1 ff.). Siden nu den kristne frihed lider overlast på grund af dette lille ord og navn "sakramente", er det herefter din pligt, at kalde Kristi nadver et sakramente, for at trodse disse djævleprofeter. Hvis du opholder dig blandt dem eller kommer på besøg hos dem, må du kalde den et sakramente, ikke fordi det er nogen samvittighedsnødvendig-hed for dig selv, men fordi det er nødvendigt at bekende den kristne frihed og holde den ved magt, og ikke finde sig i at Djævelen opstiller bud, forbud, synd eller samvittighedsnød, hvor Gud ikke vil have dette. Affinder du dig med, at det bliver opstillet sådanne synder, så er der ingen Kristus til at tage dem bort længere. For med sådan samvittighedsnød fornægter man den rette Kristus, som tager al synd bort. Her kan du se, at der ikke er ringe fare på færde i disse småting, når man vil gå løs på samvittighederne med dem.

Det er akkurat det samme, som hvis du skulle få forbud mod at spise kød på en fiskedag. Så må du spise det. Får du ordre om, at spise kød på en køddag, må du ikke spise det. Får du forbud mod at indgå ægteskab, må du gifte dig eller i det mindste markere, at du gerne ville have gjort det. Videre på samme måde: Hvor man vil lave bud, forbud, synd, gode gerninger, samvittighedsnød og fare på områder, hvor Gud vil have frihed og ikke giver påbud eller forbud, dér må du holde fast på friheden og bestandig gøre det modsatte af det, du får besked om, til du har reddet friheden. Sådan var det med Paulus i Gal 2, 3. Da man pressede på og ville gøre det til en nødvendig sag, ville han ikke lade Titus omskære. Timoteus derimod omskar han, ApG 16, 3, for da forsøgte man ikke at tvinge ham. På samme måde her: Du kan gøre, som du vil, med det at kalde nadveren et sakramente eller ikke. Men hvor disse profeter vil lave tvang ud af det og forbyde det, må og skal du kalde den et sakramente.

Når han nu for det andet vil bevise at Kristi legeme og blod ikke er i nadveren, indrømmer han rigtignok selv, at det som bevæger ham til det, er den forkyndelse, man har ført, om at Kristi naturlige legeme er lige så stort, omfangsrigt, langt og bredt i nadveren, som det var, da han hang på korset. Det kan han ikke tro, siger han. Det har Gud tvunget ham (ligesom Kajfas) til at sige om sig selv, sådan at alle kan se, at det ikke er fra Skriften, han har hentet sin opfattelse. *Tværtimod har han draget sin mening med ind og haft i sinde at gå til Skriften med sin indbildning og bøje den, rive den i småstykker og øve vold mod den, til han får den til at passe til sine tågetanker.* Han vil ikke lade sine egne tåbelige meninger standse eller dømme efter Guds ord og Skriften.

Nu må det medgives, at dette er tågetale som pøbelen og fornuften gerne hører. For den sags skyld burde det virkelig ikke være påkrævet at påberåbe sig himmelstemmen og mageløse åndsbesiddelser i sagens anledning. Selv den allermest skrøbelige fornuft vil være tilbøjelig til hellere at tro, at det bare er almindeligt brød og vin end at Kristus er skjult til stede i nadveren. Det behøver man ingen ånd til. Det kan alle og enhver tro, som den letteste sag i verden. For den gale pøbel skal der ikke mere til end at en eneste mand med en smule anseelse er dristig nok til at forkynde det. Han får snart elever nok. Det skulle have været mig den enkleste sag i verden at tro og forkynde dette. Rose sig af stor forstand eller kunstfærdighed i denne sammenhæng behøver Karlstadt ikke.

Men hvis man vil fare sådan frem med troen, at vi først slæber vores tågetanker ind i Skriften og så indretter den efter vort eget forgodtbefindende og bare ser efter, hvad som er populært hos pøbelen og passer med den almindelige mening, så kommer ingen trosartikel til at blive stående. Der findes ikke en af de trosartikler, Gud har opstillet i Skriften, som ikke er over fornuften, og derfor er det i sig selv et bevis på, at Karlstadt tager fejl, at han taler sådan om troen og om Guds ord, at fornuften gerne og godvillig tager imod det. Den, som ellers sætter sig op mod alt, hvad Gud har sagt og alle trosartikler. Det er endda en af hans vigtigste begrundelser. På samme måde kunne jeg også sige: Jeg kan ikke tro at Guds søn er blevet menneske, at den majestæt, som himmel og jord ikke er i stand til at rumme, har ladet sig lukke inde i en trang kvindekrop og derefter har ladet sig korsfæste. Derfor vil jeg rive alle Skriftsteder og Gudsord fra hinanden og tolke dem efter mit eget syn, sådan som Mani gjorde. *Nu, det må i første omgang være klart nok fastslået, at han har slæbt sine egne indbildninger ind i Skriften og ikke har hentet tankerne ud derfra.* Det er han jo heller ikke i stand til. For den sags skyld kunne han med fordel have tiet stille, men Gud har nu engang villet at gøgen skulle råbe sit navn ud overalt.

Så tager han for sig det Skriftsted, han får gåsehud af frygt for og vil troldbinde det, så det ikke skal fælde ham. Dette vers, siger han. Men da han bliver siddende i tusmørke og mumle af bare frygt, vil jeg trække meningen en smule klarere frem i dagslyset. Det han vil have sagt, er dette: Blandt de ord evangelisterne gengiver, når de beretter om nadveren, er dette: ”Jesus tog et brød, takkede, brød det og sagde:

»Dette er mit legeme, som gives for jer; gør dette til ihukommelse af mig!«."

I disse ord, siger han, er sætningen "Dette er mit legeme, som gives for jer" en egen del, som ikke hænger sammen med det, som går foran: "Tag det og spis det", men er et helt specielt udsagn og et selvstændigt meningsindhold, som er føjet ind. Talen ville nemlig have været fuldkommen uden det.

Det, Karlstadt vil have sagt med dette, er kort og godt: Kristus kunne godt have udeladt ordene "Dette er mit legeme, som gives for jer" under nadveren, for nadveren ville have været godt nok indstiftet med disse ord: "Jesus tog et brød, takkede, brød det og sagde: »Tag det og spis det; gør dette til ihukommelse af mig!«"

At hans legeme gives for os, bliver jo sagt mange andre steder i Skriften, men her har han til overflod føjet det til, for at minde dem om, hvorfor de skulle huske på ham. Ja, du kan vel tænke dig til, hvordan drukkenbolten Kristus om aftenen har drukket sig så fuld, at han kom til at bedøve disciplene med overflødige ord?

Hvad synes du? Er ikke det en dumdristig ånd, som så frækt river Guds ord til sig og plukker det ud, som passer ham? Disse ånder praler jo at, at de ikke vil sige et eneste ord, uden at de kan belægge med klare Skriftsteder, at det forholder sig sådan. Det omkvæd kører han da også om og om igen i den samme bog, når han presser sin arme Gemser med "vis mig grunden", "vis til Skriften", "du må tvinge det frem, presse, drive på og skræmme, så man ikke slipper væk" osv. Ja, så tager vi også, som rimelig er, hans regel i brug og siger: Kære ånd, her siger du to ting. Først at denne del "Dette er mit legeme, som gives for jer" er et eget udsagn, som ikke hænger sammen med resten. Vi beder dig: Gør os blind med seende øjne og giv grunden, vis til Skriften, tving det frem, tving os til at indrømme, at det forholder sig sådan. Hvordan? - Jamen, kære folk, vi beder for Guds skyld: Vis os bare et aldrig så lille ord, som kan give klar besked eller tvinge os til at forstå det sådan, at dette udsagn er et udsagn for sig, så skal vi tro det. Vil du ikke? Hvor i al verden er det blevet af deres Ånd? Hvor er deres Gud? Er han gået og har lagt sig? Er han udmattet? Ej, ej, kære barn, hvor stille og stum er han ikke pludselig blevet, ånden som ellers skriver så mange bøger, men som ikke er i stand til at vise et eneste ord, som kan bevise, at dette udsagn er et udsagn for sig.

Vel vel, når den høje ånd bliver tavs og ikke har noget at vise frem, så må man have os undskyldt, at vi stoler på vores egne øjne og ører. Vi ser og hører jo, at dette udsagn ikke er nogen isoleret tillæg, sådan som denne ånd sludrer om. Nej, det står midt inde blandt de andre udsagn og hænger så nøje sammen med dem, at udsagn ikke kan hænge tættere sammen. For det følger umiddelbart på udsagnet: "Tag det og spis det; dette er mit legeme.", og det sådan at ingen, som hører dem efter hinanden, kan komme på den tanke, at det andet er et helt nyt udsagn. Derfor må man her kunne give en særdeles stærk begrundelse og vise til en overmåde stærk grund ud fra Skriften, hvis man skal kunne bevise, at det drejer sig om et nyt og fritstående udsagn, som ikke hænger sammen med det foregående. Sådanne argumenter og grunde går vi ganske rolig ud fra, at denne ånd ikke vil blive i stand til at stable på benene, før Djævelen bliver til Gud.

Hvis det skulle have drejet sig om et tillæg, så måtte udsagnet ikke have stået midt inde i en række af andre udsagn eller være føjet ind blandt udsagn, hvor han taler om det at spise. Nej, da måtte det have været føjet til bagefter, efter at alle de andre udsagn var afsluttet. Sådan måtte teksten have set ud, hvis den skulle have haft den betydning, Karlstadt vil have det til: "Tag det og spis det. Gør det til minde om mig, for jeg siger jer, at her sidder det legeme, som bliver givet for jer". Sådan måtte Kristus have talt, hvis det havde været et tillæg, han havde ønsket at føje til, og hvis han havde ønsket, at det skulle blive forstået, sådan som Karlstadt vil have det forstået. Han er nemlig ikke så klodset og har ikke et så forvirret hoved som Karlstadts, selv om Karlstadt forestiller sig, at Kristus gør akkurat som ham selv, blander det ene sammen med det andet og brygger det sammen uden nogen som helst slags orden. Det genstår imidlertid at bevise, at dette er tilfældet. At han selv har et sådant hoved og måde, er bevist rigeligt.

Det andet, som ånden har pligt til at bevise, er påstanden om, at dette særskilte udsagn "Dette er mit legeme" skal være føjet til, for at minde dem om, hvad det er, de skal rette hukommelsen mod. Vel, ånden har sagt det. Den side af sagen er klar nok. Men hvor findes begrundelsen. Hvorfor skulle Kristus have lavet tilføjelsen i denne hensigt? Hej, Peter fra Naschhausen, vis den arme stakkel et aldrig så lille ord, overbevis, nød ham, tving ham til at indrømme, at det er sådan! Staklen hører vel godt, at du siger det, men det er synd og skam, at du fuldstændig skal miste modet, når du skal bevise det. Hvor står det skrevet? Hvilket Skriftsted er det, som siger, at det er tilføjet for at instruere hukommelsen? At man skal mindes Kristi død, ved jeg, men at dette udsagn er tilføjet til det formålet, det véd jeg ikke. Det så meget mere som nadveren er fuldkommen også uden det, og mange andre steder viser til overmål, hvorfor man skal mindes Kristus. Havde jeg været til stede hos dig, min gode Peter, skulle jeg have forestillet dig for en anden stakkel, som nok skulle have vidst at sætte en stopper for ploven til en sådan bondeknold.

Sådan står sagen altså: Hvis Karlstadt er manden, som har magt til at opstille trosartikler, og hvis vi er forpligtet til at tro ham, når han fremsætter påstande uden dækning i Skriften, alt fordi han drømmer - ja, så er det rigtig, det han skriver. Så skal dette udsagn skilles ud og har en helt speciel betydning. Så er det føjet til hele teksten for øvrig. Så er det flikket på omtrent som en muslingeskal på en pilgrimsfrakke og har ikke noget med nadveren at gøre. Men om han nu ikke er en sådan mand, så ser du, hvordan det er, Djævelen som rider ham, at han river Guds ord i stykker og postulerer, forandrer, tolker, øver vold af ren og skær letsindighed. Det er så ilde, at jeg for min del ikke tror, han mener det alvorligt, men bare tager tingene på en slump og hverken bryder sig om Gud eller mennesker. Hvordan kan et menneske drive på noget sådan, hvis han ikke har skaffet sig en egen djævel som kompagnon? Skinnende klare ord vil han rive væk fra øjnene og ørerne på folk og i stedet tale og fastsætte det, han selv finder for godt, uden noget som helst Skriftbelæg. Og sådan tågesnak vil han have sat så højt på strå, som om folk aldrig skulle have hørt nogen mere pålidelig i denne verden. Derfor overøser han dem, som siger imod, med hån og spot, som om han var fuld af djævelskab, sådan som hans små-skrifter viser.

Denne udplukning og vold mod Guds ord minder mig om de folk, jeg læste en bog af dengang jeg var ung magister. De plukkede og gjorde vold mod Fadervor på denne måde: "Fader vores, du som er himmelen blive helliget, komme dit navn, ske dit rige" osv. De stykkede alt sammen på den mærkeligste måde, og havde også sine grunde til det. Videre er det noget lignende, enkelte jøder har gjort med 1 Mos 1, hvor der står, at Gud skabte mennesket i sit billede, en mandlig og kvindelig. De mente, at Gud skulle have skabt Adam sådan, at han var mand og kvinde i én og samme person. Hvis det skulle være tilladt med den slags plukning og opdeling, hvilken nydelig Bibel ville vi så ikke få lavet? For ikke at snakke om, hvis man skulle gøre det på de steder, som er vigtige, og som trosartiklerne hviler på! Det findes jo andre steder, som ikke har så stor vægt.

Derfor står vi på denne regel: Hvor Den Hellige Skrift fremsætter noget, man skal tro på, skal man ikke vige af fra ordene, som de lyder. Heller ikke fra den rækkefølge, de står i. Med mindre en klart formuleret trosartikel tvinger os til at tolke ordene anderledes eller ordne rækkefølgen på en anden måde. Hvordan skulle det ellers gå med Bibelen? Lad os tage et eksempel: Når det i salmerne (Sal 18,3) hedder "Gud er min klippe", så betyder ordet, som er brugt, en almindelig sten. Men fordi troen lærer os, at Gud ikke er en sten, tvinger den mig her til at tolke ordet "klippe" anderledes end det, som er ordets ligefremme betydning. På samme måde med Matt 16, 18: "på denne klippe vil jeg bygge min kirke". Men fordi det i den sammenhæng, vi her diskuterer, ikke er nogen artikel, som tvinger os til at isolere dette udsagn og hugge det løs, eller som tilsiger at brødet ikke skulle være Kristi legeme, så skal vi ganske enkelt tage ordene, som de lyder og ikke ændre en tøddel ved dem, men lade brødet være Kristi legeme.

Javel, siger min gode Peter Bondeknold, at det er et selvstændig udsagn bevises bedst af det faktum, at det begynder med et stort bogstav. Der står nemlig "Dette er mit legeme" osv. Desuden står der et stort punktum foran, sådan som det plejer at gøre, når en ny sætning begynder. Hvad er det jeg hører? Jeg har bedt om en ordentlig begrundelse ud fra Skriften, og så byder du mig et punktum og et stort bogstav? Er det sådan at forstå at punktum og stort bogstav er hellig skrift bag ploven i Naschhausen? Nok en gang hører jeg, at det er dine egne tågetanker, du giver mig i stedet for guddommelig Skrift. Du betaler med lort i stedet for med guld. Fordi du har fået det indfald at punktum og stort bogstav gør et udsagn til noget fritstående og nyt, vil du at jeg skal hoppe på det samme indfald og nøjes med det uden nogen Skrifthenvisning. Men nej, her duer det ikke med indfald, kom med Skrift, Skrift, Skrift. Overtal mig, tving mig, nød mig med Guds ord til at godtage at punktum og stort bogstav altid betyder, at det er nogen nyt, som kommer. Hvor findes der et klart udsagn i Skriften, som siger som så: Punktum og stort bogstav indebærer at det som følger er et fritstående udsagn? Hører du mig ikke, Peter? Hører du ikke?

Er det ikke alt for galt at denne ånd, som selv larmer så forskrækkelig, når man ikke giver ham Skrifthenvisninger, vil bygge så store ting på sådant løst snak? Hvordan havde det stået til, hvis min bog hverken havde punktum eller store bogstaver, og din havde begge dele? Så ville jeg få at høre, at troen er afhængig af blæk og pen, ja på afskrivernes og bogtrykkernes gode vilje. Ej, det ville være noget af et fundament! Nej, vi siger og slår kort og godt fast: *Det skal være ligefremme, klare ord og Skriftsteder, som med klar betydning tvinger os.* De være skrevet med store eller små bogstaver, med eller uden punktum, som Gud vil. For selv om det holdt stik blandt mennesker (som det slet ikke gør) at punktum og stort bogstav betegner noget nyt, skulle det af den grund også være sådan i Den Hellige skrift, at min tro helt uafhængig af ord og udsagn skulle hvile på et afmægtigt punktum og et bogstav, som hverken siger eller synger noget? Det ville jo være ensbetydende med at den hvilede på nul og niks!

Hvad om man nu i enkelte bøger (de er jo ikke ens alle sammen) sætter stort bogstav og punktum for at markere, at det er nogen vigtigt, det drejer sig om netop dér. Altså for at læseren skal huske det og lægge desto bedre mærke til det, og ikke fordi det er nogen nyt, som begynder der? Hvor fint ville den ikke da være undermineret, den tro, jeg havde bygget på, at punktummet og bogstavet stod der, fordi det var nogen nyt, som begyndte der? Hvor ofte skriver man ikke navnet Kristus med store bogstaver hele vejen? Hvor ofte laver man ikke en understregning eller maler en hånd eller et andet særskilt tegn ved en tekst uden at det er nogen nyt, som begynder der? Trods alt er punktum og bogstaver jo menneskelige opfindelser, og det står enhver frit at lave og placere dem, hvordan man vil. Og så vil Karlstadt grundfæste guddommelig tro og Guds ord på den slags menneskelig ubestandighed!

Ak, hvad skal jeg sige? Når det kommer til stykket, findes det ikke alvor i det, han foretager sig, denne ånd. Det er jo let at se, at det bare er konstruktioner, det drejer sig om, og at han ikke bryder sig stort om troen og Guds ord. Stakkels tro, som man må støtte på denne måde og søge efter hjælp og tigge, uden at den er i stand til at frembringe et eneste ord fra hele den store, vide Skrift, mens alle andre artikler er så rigelig og mægtig grundfæstet! Ja, om Karlstadts opfattelse end havde været sand og rigtig, så ville og kunne jeg alligevel ikke have troet på ham, siden han driver og leger sådan med punktum og bogstaver og ikke frembringer et ord, og så ikke gør noget andet og mere end at sige nej til teksten i den klare, fine og ordentlige form, vi har den. Under enhver omstændighed ville jeg have været nødt til at tænke: Du alverden, det er bare gøgl og har ikke noget grundlag.

Her vil jeg nu have alle dem i tale, som tilegner sig Karlstadts opfattelse og sige til dem, at den vigtigste og eneste grund, Karlstadt har, er denne at udsagnet ”dette er mit legeme” osv. er et eget, fritstående udsagn og et tillæg, som begynder på nogen nyt, sådan som vi har hørt. Hvis han ikke beviser og gør dette indlysende, så ramler hele hans bevisførelse. Han har ikke andet at fare med, for alt det, han videre udreder om ordet ”touto” (dette) og andre ting, det står og falder alt sammen med at dette udsagn er noget for sig og begynder på noget nyt. Hvis det falder og det, vi bygger på, bliver stående, nemlig at dette udsagn hænger sammen med det andet, ja, så hjælper hverken det ene eller andet Karlstadt. Vi har vundet spillet. For da tvinger sammenhængen det frem: Brødet er Kristi legeme. Sådan lyder ordene nemlig: ”Tag det og spis det; dette er mit legeme.” Fordi sætningerne hænger sammen indbyrdes, tvinger ordlyden os med magt til at forstå, at *det, han giver dem besked om at spise, er hans legeme.* Det skønner Karlstadt også godt for sin del. Derfor anstrengte han sig for at få splittet det i stykker og delt det op. Men alligevel kunne han ikke finde noget mere end et punktum og stort bogstav. Det findes ikke i alle bøger, som vi har hørt, og selv om det fandtes i alle, så ville det fremdeles ikke være sikkert, om det er for at markere at noget nyt begynder, at det står der eller for at lægge læseren noget på sinde. Det sidste er mere sandsynligt end det første.

Troen skal og må imidlertid være sikker. Den kan ikke have punktum eller bogstaver til grundlag. Den må have klare og ligefremme udsagn og fuldstændig tydelige ord fra Skriften. Nuvel, der ligger I i én bunke, alle I Karlstadt'er! Jeres tro og kunststykker hviler på et afmægtigt og usikkert punktum og stort bogstav. Det må Belial satse samvittigheden og saligheden på. Jeg gør det ikke. Nej, mine kære herrer Karlstadt'er, I som skriver så mange bøger, se nu for Guds skyld hid, hvor alt står på spil og tænk efter, hvordan I kan få bedre bevist, at det er noget nyt, som begynder med dette ”det er mit legeme”. Det er det, alt afhænger af. Det er det springende punkt, kære brødre. Det er her, afgørelsen falder. Selv om I skriver bøger så talrige som havets sand, så har I alligevel tabt, så sandt I ikke kan komme jeres egen sag til undsætning her. Jeg siger endnu en gang, som jeg før har sagt, at tekstens rækkefølge lyder sådan: ”Tag det og spis det; dette er mit legeme.” Lader I det at spise få lov til at hænge sammen med Kristi legeme, så er sagen afgjort: *Det er brødet som er legemet, og det er legemet, de skal spise.* Det kan I ikke komme uden om. Det står der og står urokkelig, om I er aldrig så mange.

Sig mig nu, hvad skal man mene om en ånd, som drister sig til dette, uden noget som helst Skriftsted eller ord, bare på grundlag af et eneste punktum og et bogstav? Er han ikke helt tosset og tåbelig? Kan han have nogen samvittighed, tror du? Hvad mere kunne han ikke driste sig til, hvis han fik plads? Hvilket fromt hjerte ville finde på at tro på, at det kom noget godt eller sandt fra ham? Vel, jeg har i hvert fald gjort mit. Den, som vil gå sig vild, må gøre det, så meget han vil. Dette kunne have været svar nok på alle Karlstadts bøger, for så længe det bliver stående fast at nadverbrødet er Kristi legeme, så vil det give sig selv, at han bliver nødt til at stikke piben ind, når han skælder os ud og kalder os hundeslagtere og overøser os med bunkevis af skældsord. Med punktummet og bogstavet (det er den eneste, elendige rustning, han har!) er han draget til kamp mod os, næsten som om han ville storme mod en klippe med et knækket halmstrå. Og han har fået løn som fortjent. Hvorfor kunne han ikke have holdt sig væk fra sine profeter?

Ikke desto mindre vil vi give yderligere svar, for at give sagen endnu fastere grund at stå på. Sæt nu for det første, at han ville sige, at jeg for min del også skulle bevise min tro på, at udsagnet "det er mit legeme" hænger sammen med det umiddelbart foregående, siden han nu nægter, at det er sådan, men er ude af stand til at bevise, at de skal skilles fra hinanden. I så fald ville jeg svare: Jeg lader dem stå sammen, fordi jeg finder, at det er sådan, de står i teksten, når man siger, læser og hører den. *Efter det, som er en naturlig måde at tale på*, hænger de sammen, og jeg ser ingen grund til, at jeg skulle eller kunne tillade mig at skille det ad, som har *en naturlig gang og rækkefølge* i det, som siges. Jeg finder, at det hænger sammen, og hvis det skal deles op, så må en eller anden være så flink at bevise det for mig. Det er stadfæstelse nok for mig. Jeg trænger da heller ikke nogen yderligere stadfæstelse for at lade Fadervor stå sådan: "Fader vor, du som er i himmelen" osv. end at det er den naturlige måde at tale på. Og jeg ser ikke nogen grund til, at jeg skulle inddele sådan: "Fader vor, du som er, i himmelen blive helliget," osv. Men skal det deles op, så vil jeg høre grund og sætte mig til modværge, indtil det sker. På samme måde er det i overensstemmelse med naturlig tale at det hænger sammen og følger på hinanden, dette "Tag det og spis det; dette er mit legeme" osv. Og jeg ser ingen grund til, at det skulle deles op. Karlstadts punktum og bogstav tæller jo ingenting, og hverken han selv eller nogen anden har andre grunde. Men i fortsættelsen vil vi også bevise det, ikke ved hjælp af et punktum og et bogstav, men med klare ord fra Skriften, at dette skal og må hænge sammen. Nu må det være nok af denne form for stadfæstelse, for at sætter en stopper for Djævelen.

For det tredje kommer han trækkende med sit græsk og gør et stort nummer af ordet "touto". På græsk lyder ordene nemlig sådan: "touto esti to soma mou." Helt fra begyndelsen af det græske sprogs historie ville det have måttet oversættes sådan som det fremdeles må oversættes: "dette er mit legeme." På latin: "hoc est corpus meum." Her er de græske ord gengivet helt og holdent. Der mangler ikke så meget som en hårbredde, hvilket alle som kan græsk, må bevidne. Undtagen Peter Bondeknold fra Orlamünde, for han har gjort en helt ny opdagelse og foregiver at man ikke kan oversætte det godt, og derfor ville det være rimeligt, at man lod "touto" blive stående og sagde "touto er mit legeme". Hvad skal jeg sige til noget sådant? Havde det ikke været så store og alvorlige ting, det drejede sig om, skulle jeg gerne have grinet af abekattestregerne. Æselhovedet vil mestre det græske sprog og har endnu ikke lært tysk og latin godt nok - for ikke at snakke om græsk og hebraisk. Og så uforskammet poserer han for al verden, som om det ikke fandtes andet en Bondeknolde-Peter fra Naschhausen til. Sådanne som ikke forstår sig på græsk.

Nu er det eneste, som står i hovedet på denne sektånd, at få ophidset og trukket den dumme pøbel til sig, som altid har lyst til det, som er nyt og sælsomt. Den skal stå og måbe og sige: "Nej, åh, nej, sikke en storartet mand, han er, denne Karlstadt, som finder ud af sådanne ting, som er skjult for hele verden, og som alligevel bare går rundt i grå jakke og filthat af bare ydmyghed, og som ikke vil hedde "Doktor", men "nabo Anders". Sandelig, her bor Gud og Helligånden med fjer og æg!" For den pøbel, som slutter op om Karlstadt, gør det naturligvis ikke, fordi den forstår den begrundelse, han giver. Det er da også plat umuligt, for han mumler og vrider og bærer sig sådan ad med ordene, at han slet ikke er i stand til at få sagt, hvad det er, han vil. Måske er det Gud, som hindrer ham i det, eller han er ret og slet ikke i stand til at snakke tysk. Jeg véd også, at der ikke findes en eneste af dem, som kan sige, hvad det er Karlstadt bygger på, selv om han så sluger alle hans bøger. Nej, grunden til at de slutter op om ham, er de mageløse kunstgreb og de imponerende ord, han slår om sig med, når han spotter andre og viser hvor naragtig det er for fornuften at forestille sig, at Kristi legeme skulle være i nadveren. Sådan er det man skal køre på, hvis man vil ophidse og drive rundt med pøbelen. Det gør ingenting, om den ikke forstår grunden til det hele. Men noget som består, er den slags ikke.

Følgelig må jeg løse to opgaver: Først må jeg fremstille Karlstadts standpunkt og begrundelse klarere. Derefter svare på det. Med hans drømmerier om "touto" forholder det sig sådan: Alle de tre sprog tysk, latin og græsk har tre forskellige køn, når de omtaler ting. Nogle ting omtaler de som hankøn og kalder dem "der, dieser, jener". Nogle omtaler de som hunkøn og kalder dem "die, diese, jene". Nogle omtaler de hverken som hankøn eller hunkøn (men intetkøn) og kalder dem "das, dies, jenes". For eksempel siger man der Himmel, der Mond, der Stem, der Mann, der Knabe, der Hund. Tilsvarende die Sonne, die Erde, die Luft, die Stadt, die Frau, die Magd, die Kuh. Og endelig das Wasser, das Holz, das Feuer, das Licht, das Pferd, das Schwein. Det hebraiske sprog har imidlertid ikke noget "das", kun "der" og "die".

Nu rykker Karlstadt frem på denne måde: Brød er på græsk og latin hankønsord og ikke intetkøn. De siger "der artos", "der panis", mens vi tyskere siger "das Brot". Legeme derimod er intetkøn på græsk og latin. De siger "das soma", "das corpus", mens vi tyskere siger "der Leib". Fordi Kristus her siger "Touto esti to soma mou", "det er mit legeme" og ikke "den er mit legeme", så er det ikke brødet, han viser til, for det er hankønsord på græsk. Det er legemet, som er intetkønsord på græsk, han viser til. Skønner du nu, hvor det er Karlstadt vil hen? Dette er hans græske "touto", på tysk "das", og med det vil han som en ny græker fægte sig frem - ud fra det græske sprog - til at Kristi legeme ikke er i nadveren, da han ikke siger "den" er mit legeme, men "det" er mit legeme. Det skulle nemlig være ugræsk at sige "det er mit legeme" hvis det er brødet, der sigtes til.

Et sådant kunststykke er ingen græker nogensinde kommet med, skønt grækerne har været født med sproget lige fra Kristi tid. Men nu er

det opdaget i Orlamünde. Måske fandt de det inde i en gammel billed-
støtte, da de var i færd med at storme billederne, eller måske det er
himmelstemmen, som kom med det? Og den mand, som knapt har set
en græsk ABC, har ikke engang så meget respekt for dem, som er født
og opvokset med sproget eller alle dem, som i dag er fremragende i
græsk både i Tyskland og i andre lande, at han tror, at de også ville
have følt og mærket det i løbet af så lang tid! Ingenting kunne have
været lettere at mærke og føle en det. Selv et barn ville jo reagere, hvis
det kom nogen og snakkede tysk og omtalte en kvinde som "der Frau"
og sagde at "der Frau" er smuk eller "das Mand" er from, barnet ville
begynde at le og sige "du er tater eller sigøjner!" Og det skulle Græ-
kenland eller hele verden ikke have følt det samme, når Kristus siger i
evangeliet "touto er mit legeme" - skønt al verden véd, at man har tol-
ket og til dags dato fremdeles tolker "touto" sådan at det går på brødet.
Hvis et græsk barn hørte nogen sige "das artos", ville det også bryde
ud i latter, men ingen har leet af at al verden har sagt "det er mit le-
geme" om artos eller brødet.

Og denne vigtigprop vil gå i gang og sætte alle grækere på skole-
bænken. Men - som jeg har sagt - manden har mistet både hjerne og
øjne, fornuft og hjerte og har hverken skamfølelse eller hæmninger til-
bage, derfor drister han sig til, hvad det skal være, blot fordi det falder
ham ind. Han véd meget godt, at han ikke kan græsk og leverer også
et eftertrykkelig bevis på det, når han oversætter det græske "touto esti
to soma mou" til latin "Istud panis est hoc corpus meum", og til tysk
"Touto ist der Leib mein". Af artiklen "to" laver han et pronomen og
sætter det sammen med ordet panis, osv. Men hvilken tysker siger no-
gen sådant: "das ist der Leib mein"? Og alligevel drister han sig til med
overlæg at bygge sin tro på sådan en uvidenhed, og vil have hele verden
med sig på det. Når en kan vove at grundfæste trosartikler og belære
verden på uforstand, som han er sig bevidst og erkender, hvor meget
mere vil han da ikke driste sig til at gøre det på grundlag af en tvivl
eller en indbildning, han er usikker på? Ja, hvad kan ikke en sådan fræk
ånd få sig til at finde på? Hjertet skælver i kroppen på mig af frygt for
den dumdristighed, mennesket viser i guddommelige ting, skønt det

her på jorden, i forhold til mennesker, er så ængstelig, usikkert og forsagt.

Lad os nu forklare hvorfor Kristus siger "touto" eller "det" og ikke "den" om brødet. *På tysk har vi den talemåde, at når vi hentyder til en ting, som er umiddelbart for hånden, så kalder vi den et "det", selv om det i sig selv er et hankøns- eller hunkønsord, det drejer sig om.* For eksempel siger jeg: "det er den mand, jeg snakker om", "det er den unge kvinde, jeg har i tankerne", "det er den kone, som kan det", "det er den pige, som netop sang", "det er den person, som fortalte mig det", "det er den by, som gjorde det", "det er tårnbygningen, som ligger der", "det er fisken, jeg havde med mig". Her appellerer jeg til alle tyskere og spørger om det ikke er tysk, jeg taler. Jo, det er såmænd det ægte modersmål, og sådan er det menigmand snakker i Tyskland.

Akkurat på samme måde er det græsk bruger "touto", når man viser til brødet og siger om det: "Das ist meyn leyb, der fur euch geben wird". Her påberåber jeg mig alle, som kan græsk. Latin kan derimod ikke tale på den måde, for den har ikke nogen artikel, sådan som græsk og tysk har. Og især lyder det på samme måde hos mine sachsere, for de "tutter" og "tatter" akkurat som grækerne gør, sådan at det svarer aldeles til den græske udtryksmåde: "touto esti to soma mou" lyder: "Tut es te lif", "Tut es te fruwe", "Tut es myn lif". Men hvis det skulle være noget hold i Karlstadts drømmerier, måtte man også hævde, at det ikke er godt tysk, hvis jeg siger: "Das ist meyn leyb, der fur euch geben wird", fordi legeme er hankønsord på tysk "der Leib". Men alligevel siger vi: "Das ist der leyb" (det er den krop). På samme måde her: "Das ist der leyb, der fur euch geben wird". Men med dette demonstrerer Karlstadt blot, at han kan lige så meget tysk, som han kan græsk.

Akkurat tilsvarende ville det forholde sig, hvis jeg ville bruge tysk under nadveren og holdt et stykke franskbrød eller et nadverbrød i hånden. Begge dele er hunkønsord, men alligevel siger jeg "det er maden" og ikke "den er maden". Det er om det samme brødstykke eller nadverbrød, at Kristus siger "Det er mit legeme" osv. Men hvis du nu stiller spørgsmålet, hvorfor jeg ikke kan sige "das Mann" og alligevel siger "das ist der Mann", eller hvorfor jeg ikke kan sige "das Frau", "das Magd", "das Stadt", "das Gesell" og alligevel må sige "das ist die Frau", "das ist die Magd", "das ist die Stadt, "das ist der Gesell" - ja, så ved jeg ikke nogen anden grund en den, at sprogene, sådan som Gud har skabt dem, er sådan indrettet, at de vil have det på den måde. Derfor kan ingen græker sige "das artos", men må alligevel sige "das ist der artos", og derfor siger han også "Det er mit legeme, som gives for jer".

En ting til, kære Peter Bondeknold. Hr. Gemser må forsøge, om han kan få skidtet ud af ørerne på dig. Du påstår jo at "touto" skal hentyde til Kristi legeme og ikke på brødet, når han siger "touto" eller "det" er mit legeme". Men sig mig da, min kære Peter, hvad det næste "touto", som følger lige efter, hentyder til. Jeg mener dér, hvor det i Luk 22, 20 og 1 Kor 11, 25 siges om den anden del af nadveren: "på samme måde tog han bægret efter aftensmåltidet, og sagde: "touto", eller "dette bæger er den nye pagt i mit blod" osv. Her står udtrykkeligt ordet "touto", og i teksten viser det til bægret, som han rækker frem og ikke til Kristi blod, som sad der. På græsk lyder det nemlig sådan: "Touto to poterion he kaine diatheke esti en to haimati mou," "Dette bæger er den nye pagt i mit blod." Sig mig nu: Hvis det er sådan, at "touto" skal og må vise til Kristus, og det her i denne tekst udtrykkelig viser til bægret, er det da sådan at forstå, at jeres tro holder eller kalder Kristi blod eller Kristus selv for at være et bæger? For at sikre sig at det er splitter nyt, alt hvad I finder på, ville det så ikke være en god idé, at kalde hans blod ikke for et bæger, men for en tallerkenholder eller et gaffeletui?

Hører De, hr Peter? Hvorfor sveder De sådan? Det er jo vintertid og frost! Vil De låne et lommetørklæde? Hjælper det heller ikke at søge tilflugt bag stort bogstav og punktum her? Eller vil "touto" ikke være intetkøn og bægret hankønsord, sådan at grammatikken kunne komme til undsætning, når ånden må give tabt? Bæger er nemlig også intetkønsord på græsk og ikke hankøn: "touto poterion". Er det ikke sådan, at De er en mand, som elsker den ligefremme sandhed og - sådan som De praler af - er kompromisløs mod løgne, men eftergivende over for sandheden? Vel, så vær da eftergivende på dette punkt og lad

Dem overbevise. Vis respekt for sandheden og indrøm at De ikke har set nøje nok på "touto", og at den mand, som kom til Dem og fortalte Dem dette, ikke kan have været Deres himmelske far, sådan som De lyver om og spotter, men den satans Djævel eller hans mor. *Han har jo gjort jer opmærksom på det ene "touto", som står ved brødet, men det andet, det ved bægret, har han bare ladet fare.*

Kom igen, alle Karlstadt'er i en dynge, hvad har I at kvække mod dette? Her må I pænt holde mund og straffe jeres smædeskrifter og løgnemund og indrømme at I offentlig og uimodsigelig er overvundet. *For ligesom "touto" i forbindelse med bægret ikke viser til Kristus, som sidder der, men til bægret og blodet, som Kristus rækker frem til sine disciple og giver dem besked om at drikke og siger, at det er en ny pagt i hans blod, på samme måde må I medgive at "touto" i forbindelse med brødet ikke viser til Kristi legeme, men til brødet, som han rækker dem og siger, at de skal spise.* Har I noget, at sige imod dette, så lad os høre. Se, sådan kan Gud tage de kloge til fange i deres egen klogskab. Disse profeter troede, at de skulle vende op ned på hele verden ved hjælp af "touto" i tilknytning til brødet. Men de så ikke, at "touto" i tilknytning til bægret i næste øjeblik ville træde dem ned i skidtet, sådan at de ikke kunne komme med så meget som et pip mere.

Er det ikke en ulykke med den mand? Evangelisterne har sat "touto" ind, netop fordi de ville rette opmærksomheden mod brødet, snakke så enkelt som overhovedet mulig og forebygge den fejltagelse, som Karlstadt driver og slider med, og så tager han alligevel og rager det til sig for at forstærke vildfarelsen med det! Sig mig nu, kære Peter Bondeknold, hvem er det nu, som har sværdet ved skæret og hvem er det, som holder det i skaftet? Jeg mener, du er truffet, og Gemser har stukket dig med dit eget "touto", det, som du ville fægte så stort med. Du måtte jo mærke ganske eftertrykkelig, hvem det er af os to, som har Ånden og kan den rigtige kunst. Hvis jeg nu skulle betale dig igen med spotord, alt det, du så grufuldt og skrækkelig har øst af spot over den højværdige nadver, Kristi hellige legeme og blod, hvor i al verden skulle jeg vende mig, for at finde nok af ord? Den synd, du har gjort dig skyldig i med din spot, går nemlig ud over alle grænser.

Men selv om nu Karlstadt havde kunnet forsvare sig og blive stående i alle detaljer, som har med bevisførelsen af "touto" at gøre, så har jeg i det foregående alligevel bevist, at det ikke ville have hjulpet ham det ringeste, så længe han ikke har påvist eller kan påvise, at udsagnet "det er mit legeme" er et nyt og fritstående udsagn, isoleret fra de øvrige. Det er altså sådan, at han har for lang vej til skoven på alle sider, hvor han forsøger at flygte hen, sektånden, for hvis udsagnet ikke er fritstående, men hænger sammen med resten, ja, så slår det benene væk under alt det Karlstadt tutter eller tatter, kukker eller kagler, og det bliver - al modstand til trods - stående ved magt, at Kristi legeme er i nadveren. Står det fast, så har også Helligånden magt til at tale sådan, at han siger "der Magd", "das Mann". Og det gør absolut ingenting fra eller til og er hverken til hjælp eller hinder, om han siger "der Brot" eller "das Brot". Ikke sådan at forstå, at han gør det her, men om han havde gjort det, ville det ikke have givet Karlstadt noget stik. *Det, som skal tjene som grundlag for troen, må være noget højere end grammatikalske regler.* Når Johannes i 1. kapitel af sit evangelium (1, 10) taler om lyset og kalder det for "det" [: lys er intetkøn på græsk], siger han straks bagefter "han": "verden kendte *ham* ikke". Han siger ikke "verden kendte *det* ikke". Derfor gør Karlstadt sig bare til grin i denne sammenhæng, ikke bare med sine græskkundskaber, men også med det, at han vil udlede trosartikler af grammatikken. *Skal min tro bygge på grammatik eller ABC'en, ja, så er den vitterlig ilde faren.*

Hvor mange nye trosartikler vil vi ikke blive nødt til at lave, hvis vi alle steder ville *mestre Bibelen efter grammatikkens regler*? Hvor ofte forekommer det ikke, at den taler i strid med almindelige regler for ental, flertal, køn, person osv.? Ja, hvilket sprog gør forresten ikke det? Vi tyskere har "nat" som hunkønsord og siger "die Nacht". Ikke desto mindre forekommer det, at vi gør det til intetkønsord og siger "des Nachts" (om natten): "Es ist des nachts still und gut schlaffen" (det er stille og fredelig at sove om natten). Derfor kunne min kære Karlstadt godt have holdt sig indendørs med sin grammatik og *i stedet fremlagt tekstord fra Skriften* for os - sådan som det sømmer sig - for at overbevise os om, at hans "touto" går på Kristi person og ikke på brødet. Han forlanger jo Skrifthenvisninger af os, så vil vi sandelig også have det fra ham. Vel, kom igen og kast dig frem, kære Peter, vis i det mindste ét aldrig så lille ord fra Skriften, som bevis på at "touto" går på Kristi person og ikke på brødet! Hvorfor ikke? Jeres grammatik tror vi ikke det mindste på. Det er for usikker en sandgrund.

Her ser du nu, kære læser, hvordan sagen står, når det gælder dette "touto". Det eneste Karlstadt har at fare med, er sit trodsige nej til, at det går på brødet, og at udsagnet ikke er klart og entydig nok. Det insisterer han på, selv om det er ren og skær vilkårlighed og direkte i strid med sproget og talens naturlige gang, og kræver bevis på, at det går på brødet. Derfor har vi, skønt måden at tale på er helt og holdent på vores side, til overmål ført et knusende *bevis ud fra teksten* på, at det må gå på brødet, *nemlig fordi det i anden del af udsagnet går på bægret.* Dermed er munden stoppet på ham. Dermed er det vores tur til at insistere på et nej og forlange at han skal bevise at "touto" går på Kristi legeme, sådan som han siger og postulerer. Den, som påstår noget, må jo være rede til at føre bevis for sin påstand for den, som benægter den. Lige for lige. Han må vise til en tekst som belæg for sit, sådan som vi har gjort for vort. At han - skønt han ikke kan bringe det i samklang med den naturlige måde at tale på - siger nej til vort ja og ja til vort nej, vejer ingen ting i sig selv. Han må værsgo tilbagevise vort nej med et *klart tekstord* og stadfæste sit eget ja på samme måde, akkurat som vi både har tilbagevist hans nej og stadfæstet vort ja med klare tekstord. Kan han hamle op med os her, så skal han tilkendes sejren. Vi beder imidlertid om, at han må være nådig mod os og ikke svide markerne af for os.

Men det er, som jeg har sagt: Når det kommer til de store ting, så viser det sig, at det ikke er noget alvor i det, han har at komme med, ånden. Det er bare Djævelen som laver spot og spe med sit spil. Nuvel, så må jeg overlade Karlstadt med sit græsk til dem, som forstår sig på græsk. De må fordrive hans uforstand og banke noget forstand ind i han hoved, så han ikke giver sig til at bluffe med græsk igen, før han har lært sig det. *For min del vil jeg føre striden mod ham med Skrifthenvisninger og vil have Skrifthenvisninger fra hans side også.* Kan han bare præstere det, skal han gerne få riddersporer for sit "touto". Jeg har nu alligevel det håb, at vi skal være trygge for ham til efter fastelavn, så må det stå i Guds hånd, hvordan det videre skal gå. Det må være nok om det kære "touto" som de store himmelprofeter har pukket så trodsigt på.

Videre vil vi tage teksten for os og se efter, hvordan den ville hænge sammen, hvis udsagnet "Det er mit legeme" skulle være fritstående udsagn og gå på Kristi person og ikke på brødet. For når Kristus tager brødet i hånden, takker og bryder det, giver sine disciple det og siger "tag det og spis det" og så umiddelbart og uden nogen som helst overgang siger: "det er mit legeme", så tvinger *ordenes naturlige rækkefølge og form* til den slutning, at det er brødet, han taler om. Det, han tog i hånden og gav dem og bad dem at spise. Anderledes kan disciplene ikke have forstået det, og ingen anden, som havde hørt ham sige det, kunne have forstået det anderledes. Deres øjne må jo have været fæstet ved hans hænder. Hvordan han tager brødet, bryder det og rækker det frem. Og ørerne må jo have hørt ordene, sådan som han siger dem, samtidig med at han rækker frem og giver dem brødet. Og idet han rækker det frem, siger han jo ikke et eneste ord ud over dette "Det er mit legeme" osv.

Hvis det nu ikke skulle være sit legeme, han rækker frem og beder dem spise, når han siger "spis det, det er mit legeme", ja, så ville han have bedraget dem og snydt dem med ord. Hvordan ville det tage sig ud, hvis jeg gav en mand en grå kappe og sagde: "Tag den, tag den på dig, det er min fløjlsfrakke med skindbesætning," osv. og lod ordene gå på den klædning, jeg havde på mig selv? Ville ikke det være svindel og bedrageri al den stund, jeg havde sagt "tag den, tag den på dig", og så uden nogen som helst overgang fortsatte med at sige, at det var min skindfrakke? Det måtte jo da have faldt andre ord imellem, som kunne have ledt opmærksomheden bort fra den grå kåbe, som jeg rakte ham og bad ham tage på og over på min skindfrakke. Ud fra disse ord alene ville det have været komplet umulig for ham at forstå meningen. Eller hvordan ville det høres, hvis jeg gav en mand et stykke brød, bad ham spise det og sagde: "tag det og spis det", og så - i samme øjeblik som jeg rakte det frem og bad ham spise - straks fortsatte med at sige: "det er et pund guld, som jeg har i lommen?"

Nej, her må der virkelig ikke komme nogen touto eller tatta eller punktum eller stort bogstav imellem, som indfører en ny og anderledes forståelse, dertil følger ordene alt for stærkt efter hinanden. Det må være udtrykkelige og ligefremme ord, som kommer imellem og skiller udsagnene fra hinanden. For eksempel sådan: "tag det og spis det, for jeg har eller der er desuden et pund guld i min lomme." Eller tilsvarende: "tag den og tag den på, her har jeg eller der er også en skindkappe." På samme måde ville Kristus her have måttet sige: "tag det og spis det, for jeg siger jer, at her sidder mit legeme, som gives for jer." Ellers ville det bare have været narreværk og sofisteri. Omtrent som om en ville række en anden et bæger og sige: "tag det og drik, her sidder jeg, Hans med de røde bukser," eller: "tag det og drik, muslimerne har slået sultanen ihjel." Eller fandt på et eller andet lignende fremmedlegeme at føre ind, som ikke havde nogen som helst sammenhæng med drikningen. Akkurat sådan lyder det, når Kristus siger "tag det og spis det, det er mit legeme, som gives for jer", hvis det skal være et nyt og fritstående udsagn.

Hvis han ikke havde sagt disse ord akkurat samtidig med at han rakte brødet frem, men lidt før eller lidt efter, ja, så kunne det endnu have gået an. Men når han nu siger "det er mit legeme" *akkurat idet han rækker det frem og beder dem spise*, så er intet menneske sprogligt i stand til at forstå det anderledes, end at det er sit legeme, han rækker frem og beder dem spise. *Ellers må vi tage det med i købet, at ingen for fremtiden kan være sikker på, hvad folk mener, når de snakker med hinanden.* For hvis man vil præstere at sønderrive et udsagn, som er så klart og ligefrem, så kan ingen længere komme og snakke med mig, uden at jeg vil tolke det på en anden måde eller være bange for, at han tolker det på en anden måde end jeg gør. Hvorfor skulle Kristus behøve at fremsige disse ord i samme åndedræt, som han rakte brødet frem og bad dem spise, når han kunne have gjort det på et hvilket som helst andet tidspunkt og godt vidste, at de ikke kunne forstå det anderledes end at det gik på brødet, som han rakte dem og bad dem spise?

Følgelig er det ikke sandt, når Karlstadt siger, at dette er noget, han føjet til for at lære dem, hvad det var, de skulle mindes. Det er noget, han har hentet ud af sit eget hoved og øver vold på for at få til at stemme. Bevise det kan han hverken ved Skrifthenvisninger eller på anden måde. Det kan ikke kaldes at lære, at bryde talen af i utide på denne måde, brat og vilkårlig, og så ganske uforvarende og uden at gøre opmærksom på det, begynde på nogen helt andet, akkurat i samme øjeblik, som man rækker en ting frem, som man ikke taler om. Det er tværtimod at fordunkle, bedrage og forvanske. Men det at lære er noget, som må gå for sig på enkel, tydelig og klar måde og må fæste opmærksomheden netop ved det, man fremsætter en lære om. Ikke at fæste opmærksomheden ved noget og samtidig lære eller tale om noget helt andet. Det er ikke lige nogen god læring, hvis jeg viser noget frem, som er hvidt og samtidig lærer dig om det, som er sort. Eller viser dig Djævelen og lærer dig om Gud. Slyngler og spottere er de, som farer sådan frem. Enten vil de forføre folk, eller også vil de gøre nar af dem. En from mand, som mener det alvorligt, gør ikke sådan.

Hvorfor skulle det forresten have været nødvendigt for Kristus at vise to gange til sig selv, én gang til legemet, den anden gang til blodet? Det ville jo have været nok, om han havde sagt: "Det er mig", eller: "Det er mit legeme profeterne talte om og sagde, at det skulle gives for jer," sådan som Karlstadt vil forstå det. Men nu retter alt det, som siges, sig efter det at spise og drikke, derfor de to gange. Han tager noget, som er kompakt og ligner maden, nemlig sit legeme, og noget som er flydende og ligner drikken, nemlig sit blod. Hvorfor skulle nu det være nødvendigt? Han kunne jo lige så godt have taget noget andet, som ikke havde lignet mad og drikke. Som nævnt kunne han jo ganske enkelt have sagt: "Jeg er det menneske, som gives for jer." I det havde der ikke været noget, som i det ydre havde mindet om det, som er til at spise og drikke.

Men når han nu nævner begge dele, i brødet noget, som ligner det, der er til at spise og i vinen noget, som ligner det, som er til at drikke, når han ikke gør det på et andet tidspunkt, men akkurat idet man sidder til bords under måltidet og dertil akkurat i samme øjeblik, som han rækker det frem og beder dem spise og drikke, ja, så kan ingen samvittighed, som fornægter dette, nogensinde kende sig tryg. Jeg véd da også med sikkerhed, at Karlstadts egen samvittighed famler og er utryg her, for om han skulle være aldrig så forblindet og forhærdet, så skal der noget til at fremsætte sådan noget vrøvl. For Kristus kunne jo have lært dem det til en anden tid og ikke gemt det til, de sad og spiste og drak og til han rakte det frem og bad dem spise og drikke.

Hvad betyder det videre at han, da han havde givet dem brødet og sagt "det er mit legeme" osv., begynder på nogen nyt med bægret, giver dem vinen for sig og siger "det er mit blod"? Havde det været noget helt nyt, han tog fat på, da han sagde "det er mit legeme", og havde det været det, at de skulle mindes ham, som han ville have lært dem med det, så ville han ikke have delt talen på den måde og skilt udsagnene ad. Nej, da ville han have slået legeme og blod sammen og sagt: "Det er mit legeme og blod, som bliver givet og udøst for jer." Da ville læren have været fuldført fint og ligefremt. Men når han nu skiller tingene ad og knytter det ene til det at spise og venter med det andet til de skal drikke, og sætter så mange ord imellem - "ligeså tog han bægret, takket og gav dem det og sagde: Drik alle heraf" - er det helt klart, at det er det at spise og drikke, Herren taler om, når han siger: "det er mit legeme," og "det er mit blod."

Ja, se nu bare hvor fint han stiller sig i sin klogskab, denne ånd. Han påstår at udsagnet "det er mit legeme, som gives for jer" ikke hører sammen med det, som går umiddelbart foran, nemlig "tag dette, spis det", men skal være et eget og nyt udsagn, som står helt for sig selv. Alligevel vedgår han og er nødt til at vedgå at dette sidste udsagn, "gør dette til minde om mig", hører sammen med det første, det, som begynder med "tag det, spis det". Er det ikke den ren, skære, vilkårlige selvrådighed, når en person ansigt til ansigt med en ytring, hvor tre udsagn følger efter hinanden og hænger sammen med hinanden, drister sig til at påstå, at det første og sidste hænger sammen, mens det andet, som står i midten, ikke hører sammen med nogen af dem, men er et eget udsagn. Og gør det uden noget som helst Skriftgrundlag, fordi han har sat sig det i hovedet? Hvordan i al verden kan man få det til at rime med fornuften, at det tredje eller sidste skal hænge sammen med det første, mens det andet, som står midt imellem dem, ikke skal høre sammen med nogen af de to andre?

Det ville være det samme som, hvis jeg i sætningen "Jesus sagde til sine disciple: Tag jer i agt for de falske profeter, der kommer til jer i fåreklæder." (Matt 7, 15) ville hævde at midterpartiet "tag jer i agt for de falske profeter" hverken hører sammen med det første eller det sidste, men er et eget udsagn, som står helt for sig selv. Teksten måtte i så fald lyde: "Jesus sagde til sine disciple: De, som kommer til jer i fåreklæder, for I skal vogte jer for falske profeter." Den rene vilkårlighed kunne måske finde på at sige noget sådant. Men ingen ville være dum nok til at tro på det. Men akkurat dette er det, denne frække ånd farer frem med i denne sammenhæng, hvor han ser, at udsagnet "dette er mit legeme" uden noget som helst mellemrum - det står ikke så meget som et "og" imellem - følger på det foregående, og bagefter står mellem to udsagn, som hører sammen.

Når Karlstadt her vil klare det hele ved hjælp af en fodnote og påstår, at det hverken betyder mere eller mindre end hvis Kristus ville have sagt: "kære disciple, I har hørt, at profeterne forkynder om et legeme, som skal gives for synden, derfor siger jeg jer, at det er dette, som er legemet, osv." - ja, så svarer jeg for det første: Hvem i al verden er det, som siger det? Hvem er det, som har bedt ham om at lave en sådan fodnote her? Hvordan kan vi forvisse os om at denne fodnote og tilføjelse er rigtig? Hvor er der Skriftbelæg og begrundelse for den? Hvad er det ved teksten, som tvinger til dette? Hvor findes det så meget som en stavelse til støtte for det? Karlstadt siger det, javel. Men er det grund nok, så er det desto mere end nok, at jeg siger det modsatte, for *jeg har en skinnende klart tekst og sproget på min side*. Var Kristue måske ikke på højde med Karlstadt i klogskab, sådan at han selv kunne have lavet tilføjelsen, hvis det havde været så afgørende vigtigt, at det hele skulle forstås på denne måde? Hvor er det blevet af de højtflyvende profeter nu. De, som ikke engang vil kalde nadveren for et sakramente, men forlanger et navn fra Bibelen? Ikke engang det lille ord "for" vil de godtage. Du al verden - tilføje et eneste lille ord eller et navn (som der ikke er nogen fare forbundet med), det råber de ud som den største synd - at tilføje en hel vrøvlefodnote, som ødelægger hele meningen, det er tilladt. Ser du ikke, at det er Djævelen, som er på færde igen, han, som laver bare nødvendigheder ud af det, som er frit og uden betydning, og som *gør Guds ord, som alt er afhængig af, til ingenting*? Det og intet andet er det, han er optaget med.

Herregud, selv når vi har klare og sikre Skriftudsagn på vores side, er det et besvær og et arbejde, at stå imod Djævelen. Og så kommer denne løgnerånd og vil have os til at bygge på sit ord, sådan at vi ikke skal have andet at hjælpe os med end en henvisning til, at Karlstadt har sagt det sådan. Du verden, da skulle vi sandelig stå stærkt! Det skulle jeg mene, er at føre folk til Kristus! Ja, til Djævelen i Helvede går det! Men jeg skal afsløre hans tankegang. Han har nok tænkt som så: ”De kommer til at angribe mig med disse klare Skriftord, hvad skal jeg gøre? Jo, jeg vil komme dem i forkøbet og tage brodden af ordene og gøre dem sløve med fodnoter.” Det han ikke så, var, at han ved at gøre dem sløve og bryde brodden af dem med en selvlavet forklaring uden Skriftgrundlag bare opnåede, at de blev desto skarpere. For i og med at han ikke har noget Skriftsted at vise for sig og bare turer frem med forklaringer, han har lavet selv, ser man jo, at han selv må have følt at teksten var alt for klar og stærk for ham. Dermed er hans fornægtelse lige så god som en dobbelt indrømmelse, og hans syning er værre en to rifter. Så let er det ikke at sy, kære løgneånd, du må have tekst og Skrifthenvisninger at føre i marken!

For det andet: Jeg ville gerne høre en tekst fra profetbøgerne, som taler om legeme og blod, som skal gives for synden, sådan som denne løgneånd fantaserer om. De snakker ganske vist om hele personen og siger, at den skal lide, men ikke om legeme og blod. Når nu Kristus aldeles klart nævner legeme og blod, og når det, sådan som ånden påstår, er profeterne, han viser til, når han siger det, så må jo ordet ”legeme og blod” hos profeterne korrespondere med Kristus og skulle da være at finde et eller andet sted, som han rigtig kunne minde disciplene om, sådan at de kunne forstå, hvad han sigtede til. Hej, løgneånd, du som ikke tåler, at man føjer et eneste ord til Guds ord, vis os nu, hvor profeterne taler om legeme og blod! Hvor er det, disciplene har hørt det hos nogen af profeterne? Ser du ikke endnu en gang, at det bare er akrobatik og fantasipåfund og egne tilføjelser, han holder det gående med, denne ånd? *Det er hele Kristus, som skal lide, men ved bordet deler han det sådan, at han giver dem legemet at spise og blodet at drikke.* En opdeling, som ikke var nødvendig eller kunne være der i lidelsen. Derfor er det også lidelsen profeterne har talt om, og ikke om denne deling eller om nadveren.

For det tredje: Hvis det nu skulle være ret at lave et så omfattende tillæg, hvordan rimer det da, at der straks efter følger et "gør dette til minde om mig"? Et ord som skal svare til det at de spiser og med det tilhørende ord "tag det og spis det". Skal det hoppe buk tilbage over alle de ord og hele den lange prædiken, til det kommer til det ord, det hører sammen med? Hvilket sprog er det, som er sådan indrettet, at det putter en sådan mængde ord og en sådan prædiken ind mellem to udsagn, som hører sammen? Man kan da ikke undgå at se, at dette er udslag af vilkårlighed! Men han må komme med bevis, som sagt. Vi skal nok vente.

Dette må stå som svar på de argumenter og begrundelser, Karlstadt fører for sin drøm ud fra Skriften. Det drejer sig om tre stykker. Det første var et stor bogstav, som står i enkelte bogudgaver, ikke i alle. Det andet var, at der står et punktum. Det tredje var det kære "touto". Ak, hellige, mageløse argumenter. Ingen andre end himmelprofeter, som hører Guds stemme, ville føre dem i marken! Det fjerde er, at han ikke kan anføre et eneste udsagn fra Skriften til støtte for sit syn, og det argument er det stærkeste af dem alle, som vil blive stående til evig tid. Jeg skal i hvert fald ikke omstøde det, men skal hjælpe til med at styrke det yderligere. Videre lærer han os, hvad Mor Hulda, den naturlige fornuft, siger til disse ting. Som om vi ikke vidste, at *fornuften er Djævelens hore og ikke kan andet end at spotte og skænde alt det, Gud siger og gør.* Men før vi giver svar på tiltale til selvsamme ærkehore og djævlebrud, vil vi først levere bevis for det, vi tror, og det ikke i form af store bogstaver eller punktum eller touto tatu, men ved at dokumentere ligefremme, klare Skriftord, som Djævelen ikke skal kunne kuldkaste.

For det første kan jo ingen nægte, at de tre evangelister Matthæus, Markus og Lukas - og Paulus med i 1 Kor 11, 24 - ønskede at *skrive om én og samme sag*, når de samstemmigt og med næsten nøjagtig samme ordlyd skriver om første del af nadveren, om at Kristus tog brødet, takkede, brød det og gav sine disciple det og sagde: "Tag det og spis det, det er mit legeme, som gives for jer." Sådan som man forstår det, som evangelisten Matthæus taler om på dette sted, sådan må man følgelig også forstå det, som siges hos evangelisten Markus, Lukas og Paulus. Er det måske ikke sikkert, at det er sådan? Jo, den, som siger nogen andet, kan man trygt trodse. Altså er det sikkert, at meningen hos alle fire er, at Kristus her ikke bad disciplene at danse eller hoppe, men at spise, sådan som ordene siger: "tag det, spis det, det er mit legeme..."

Vel, da vil man også ganske uimodsigelig måtte indrømme, at *de samme fire også er af én og samme mening*, hvor de skriver om nadverens anden del, og at det er én og samme sag, de har ønsket at tale om på dette sted. Også her kan man trodse den, som måtte finde på at hævde noget andet. Følgelig må det som Matthæus siger, "Det er den nye pagts blod, som udøses for mange, til syndernes forladelse" (Matt 26, 28), være akkurat det samme og have akkurat samme hensigt, som når Markus siger "det er den nye pagts blod, som udøses for mange" (Mark 14, 24). Ligeså også når Lukas og Paulus siger: "Det er bægret, den nye pagt i mit blod, som udøses for jer" (Luk 22, 20 og 1 Kor 11, 25). Det må være akkurat det samme og have akkurat samme hensigt som Matthæus og Lukas har med ordene "det er mit blod, som udøses for mange". Findes der i det hele taget nogen, som kan sige eller tænke noget andet her? Siden Lukas og Paulus med ordene "det er bægret" ikke sigter til Kristi synlige legeme eller blod, men til det synlige bæger, sådan som ordene med fuld kraft tvinger os til at forstå meningen - de står der jo helt klare og siger "det er bægret". Men Kristi legeme eller blod er hverken bæger eller kop eller skål eller tallerken, så derfor må vi også slå fast, at det er det samme synlige bæger og ikke Kristi synlige blod, Matthæus og Markus taler om, hvor de siger "det er mit blod". Ergo er det hos alle evangelisterne sådan, at det lille ord "det" ikke vil eller kan lade sig tolke eller føre i retning af noget andet end det og kun det, som Kristus rækker frem - nemlig bægret eller drikken - og beder dem om at drikke. Eller også måtte vi sige, at det ikke er ét og det samme, evangelisterne har ment eller én og samme sag, de har skrevet om i nadverens anden del.

Dette må i denne omgang være nok til at vise, som vi har sagt ovenfor, at Karlstadts tutu og tata har tabt, og at det står urokkelig fast, at *det ikke er Kristi synlige blod, evangelisterne og Paulus taler om, men bægret eller vinen.* Sådan må det være at forstå, når de siger "det er mit blod, den nye pagts blod", og ligeledes når de siger "det er bægret, den nye pagt i mit blod". Men har vi opnået at vise at Kristi blod i sandhed er til stede i nadveren, sådan som disse ord tvinger os til at fastslå, så må det også blive stående fast, at Kristi legeme i sandhed er til stede i nadverens anden del. Dermed er det jævnet med jorden, alt det Karlstadt fører i marken mod det, og det synes klart, at det ikke er noget andet end sine egne drømmerier, han har været uforsigtig nok til at ville jage ind i Skriften, men som nu er smidt på porten.

Nu udspyr han massevis af spotord og hån om, hvordan man kan bringe Kristus ind i brødet og vinen, om han må danse efter vores pibe, når vi finder det for godt og mange lignende blasfemiske ord. Af dette ser man let, at det er en letsindig ånd eller djævel, som fører ordet, og at talen bare tjener til at ophidse den letbevægelige pøbel og dåre dem, som ikke har særlig stor interesse i det, som har med troen og samvittigheden at gøre. Hvor der findes gode hjerter derimod, sådanne som spørger efter samvittigheden og troen, der lader man sig virkelig ikke byde den slags. Nej, de vil have Guds ord, og derfor siger de: Hvad vedkommer Karlstadts drømmerier og håneord mig? Jeg ser Guds ligefremme, klare og magtfulde ord, som tvinger mig til at bekende, at Kristi legeme og blod er i nadveren. Det må man se til at svare på, og lade spotten hvile, mens man gør det. Hvordan det går til, at Kristus bringes ind i nadveren eller må danse efter vore pibe, 91 ved jeg ikke. Men det ved jeg til gengæld godt, at Guds ord ikke kan lyve, og det siger, at Kristi legeme og blod er i nadveren.

Her vil jeg endnu ikke give svar på den ynkelige og sofistiske fodnote, som Karlstadt i denne sammenhæng flikker og lapper sammen.

Åh nej, der må kraftigere bid til, hvis nogen skal lykkes i at brække noget af denne tekst! Karlstadts ord forslår ikke, de er karlstadtske, hverken mere eller mindre. Lidt senere skal jeg nok påvise hans sofisteri. I øjeblikket må det holde, at det er bevist med kraft, hvordan evangelisterne og Paulus med ordene "det er mit legeme", "det er mit blod", "det er bægret", ikke sigter til Kristi synlige legeme og blod, sådan som Karlstadt fantaserer om, men til det, han rækker frem og beder disciplene om at spise og drikke. Den bid har vi vundet og erobret så solid, at hverken Karlstadt eller alle djævle til sammen skal magte at kuldkaste det, uanset hvad for slags sofisteri, de tager i brug. Det véd jeg med sikkerhed. Men det er sådan, han er, denne ånd, som jeg har sagt: Guds ydre ord og tegn er han ligeglad med, det går han frejdig løs på og gør, hvad han vil med, og derefter serverer han os sine egne tankespind i stedet, kogt sammen i hans eget hoved uden det ringeste grundlag i Skriften. Det skal så værsgo hedde den rigtige Ånd.

For det andet har vi i tillæg til disse fire mægtige Skriftsteder endnu ét, nemlig 1 Kor 10, 16, som lyder sådan: "Velsignelsens bæger, som vi velsigner, er det ikke fællesskab med Kristi blod? Brødet, som vi bryder, er det ikke fællesskab med Kristi legeme?" Det er, mener jeg, virkelig lidt af et ord. Ja, et veritabelt lynnedslag i hovedet på Karlstadt og alle hans sværmere. I min anfægtelse over dette sakramente var dette ord også en livgivende medicin for hjertet. Og hvis vi så ikke havde haft et eneste Skriftsted i tillæg til dette, ville vi alligevel have været i stand til at styrke alle samvittigheder godt nok og til at knuse alle modstandere. Du verden, hvor bange Karlstadt har været for dette ord. Han gav sig i kast med at bygge sig en stor, stærk hvælving over hovedet for at beskytte sig mod dette lyn! Men da han rakte hånden ud efter mursten og bæger, fandt han bare spindelvæv, som vi skal høre, når vi kommer til den smukke forklaring, hans åndfulde og skrifttomme hoved har lavet. Men læg nu allerførst mærke til, at Paulus her ikke touter eller tatter, ikke jonglerer med store eller små bogstaver, men klart og ligefrem siger "brødet, som vi bryder". Og læg ganske særlig mærke til, at han siger "som vi bryder", ikke bare det, som Kristus brød under nadveren. *Dermed bliver de liggende i sølen, de løgne, Karlstadt fremsætter, når han siger, at selv om Kristus havde givet sit legeme og blod at spise i nadveren, så ville det ikke dermed følge, at de kristne for eftertiden eller vi havde lov til at gøre det.* På det svarer vi med dette ord ”brødet, som vi bryder”, ”vi, vi, vi”. Hvem er disse ”vi”? Jeg håber, at Karlstadt kan finde yderligere et ”touto” i det græske sprog, som kan belære os om at ”vi” betyder det samme som Kristus selv og han alene, så vil Peter Bondeknold nok blære sig af, at det græske sprog ikke tillader noget andet.

Læg for det andet mærke til, at det Paulus taler om, netop er brødet i nadveren, det som Kristus brød, og som senere også apostlene brød. ”Bryde” er nemlig ikke noget andet end at lave stykker eller dele ud efter hebraisk skik. Es 58, 7: ”Bryd eller del dit brød til dem, som sulter,” og Klagesangene 4, 4: ”børn tigger om brød, ingen bryder det til dem,” osv. Lad det være sagt, for at vi her ikke skal blive skældt ud som Kristus-forrædere igen af sværmerne, fordi vi ikke deler eller bryder brødet med fingrene, men bruger mange stykker eller hostier. Det er nemlig det, de forbinder med ”at bryde”, og derfor er de ikke tilfreds med, at det bliver lavet til stykker på den ene eller anden måde, det være sig med hånd, kniv eller på hvilken som helst anden måde, sådan som ”bryde” betyder på hebraisk. *Glem heller ikke, at han ikke kalder det ”brødets skikkelse” sådan som papisterne gør, men ret og slet ”brød”, sådan at vi er klar over, at vi heller ikke synder på den kant, når vi kalder det brød og holder os til det, Paulus siger, men som papisterne gør til kætteri.*

Læg for det tredje mærke til, at han klokke klart siger, at brødet, som vi bryder, er fællesskab med Kristi legeme. Hører du, kære bror? Det brød, som brydes eller deles ud i stykker, er fællesskabet med Kristi legeme. Det er, det er, det er (siger han) fællesskab med Kristi legeme. Men hvad er fællesskabet med Kristi legeme? *Det kan ikke være noget andet end at de, som tager imod hver sit stykke af det brød, som brydes, tager imod Kristi legeme i det.* Altså at dette fællesskab er det samme som at være delagtigt i det, at hver enkelt sammen med de andre modtager det fælles Kristi legeme, sådan som han selv siger samme sted: "Vi er alle ét legeme, for vi får alle del i det ene brød." (1 Kor 10, 17). Derfor er det også, at det fra gammel tid af hedder *kommunion, som betyder fællesskab.*

Her gør Karlstadt sig nu skyldig i et mesterstykke af en forbrydelse og vil gerne neutralisere og tage brodden af dette udsagn på forhånd, sådan at ingen skal mærke, hvordan det træffer ham. Han tager den vrangmåde i brug, som kendetegner hans ånd. Den, som laver noget åndelig og indre ud af alt det, Gud fastsætter som noget ydre og legemligt, og som tilsvarende laver nogen ydre og legemligt ud af det, som Gud vil have til noget indre og åndeligt, sådan som jeg har påpeget ovenfor. Dermed tager han ordet "fællesskab" for sig og vil ind i ånden med det og lave et åndeligt fællesskab ud af det. Han påstår, at de, som har fællesskab med Kristi legeme, er de, som "med udstrakt lyst" mindes Kristi lidelse og lider sammen med ham. Nye talemåder, som de har opfundet, for at de skal passe til en sådan ny forståelse.

Men når man spørger efter begrundelse og Skrifthenvisninger til bevis for en sådan forklaring eller spørger, hvor den tekst står, som gør den nødvendig, ja, så viser han os bare lige ind i skorstenen eller til en mand, som kom og fortalte ham det. Hvad andet kan han gøre? Han kunne ikke tåle Skriftstedet og kunne heller ikke værge sig mod. Før han lod det være i fred, tænkte han derfor: Det er bedre, jeg vrider det, så godt jeg kan. Har jeg ikke Skriftsteder at hjælpe mig med, så må mit gale hovedet gøre nytte. Det er fuldt af ånd, og det er præcis, hvad jeg trænger til formålet. Det siger mig desuden endnu mere, nemlig at fællesskab med Kristi lidelse og fællesskab med Kristi legeme og blod er ét og det samme. Er det ikke flot? Jo, bevares, ganske flot. Det er bare ét bogstav om at gøre, man må skifte D ud med B og B med D, så bliver ordet "Leid"(lidelse) til ordet "Leib" (legeme) og omvendt. Her har du det, lige så solid som når man griber fat i halen på en ål. Noget Skriftbelæg er der ikke brug for!

Ak, lade ham sejle sin egen sø, den gale ånd. Til hans forklaring har vi følgende at sige. For det første at fællesskab med Kristi lidelse ikke kan være fællesskab med Kristi legeme og blod. Den, som skal lide sammen med Kristus eller være delagtig i hans lidelse, må være from, åndelig og troende. Det er noget, som et syndigt og kødeligt menneske ikke kan. Men *Kristi legeme bliver også de uværdige delagtige i*. Sådan som Paulus siger i 1 Kor 11, 29: "Den, der spiser og drikker uden at agte på legemet, spiser og drikker sig en dom til." Sådan gik det jo også med forræderen Judas under nadveren, som sammen med de andre disciple havde fællesskab med og var delagtig i Kristi legeme og blod. For han tog imod det, og spiste og drak med, akkurat som de andre disciple.

Men når Karlstadt laver et åndeligt fællesskab ud af fællesskabet med Kristi legeme og blod og ikke vil, at det skal gå på modtagelsen af legeme og blod i brødet og bægret, så overlader jeg dommen til Paulus, som her siger, at brødet, som vi bryder, er fællesskab med Kristi legeme. Nu er det, at bryde brødet noget legemlig og ydre. Det kan ingen nægte. Derfor er det også, de selv siger, at det at bryde i ydre forstand eller spise, ikke er noget. Nej, man må spise Kristi legeme på åndelig vis, osv. Hvordan kan da det at bryde brød i det ydre og spise være et åndeligt fællesskab, sådan som Karlstadt siger? Bryder brødet og spiser gør også de uværdige og ugudelige, sådan som Judas Iskariot og enkelte folk i Korinth gjorde, 1 Kor 11. Disse har jo fællesskab med Kristi legeme og er delagtige i det, sådan som dette ord, om at det at bryde brødet er fællesskab med Kristi legeme, tvinger os til at slutte. For dette ord må man pænt lade blive stående: Hvor man bryder dette brød, er fællesskabet med Kristi legeme til stede.

Dermed tvinger det sig frem med stor styrke at det, Paulus her taler om, ikke er *det åndelige fællesskab, som alene de hellige har*, sådan som Karlstadt drømmer. Nej, det er *et legemlig fællesskab*, han taler om, et *som både hellige og vanhellige har del i*, akkurat som de har i brødsbrydelsen. Her kan man se, hvor bedragerisk Karlstadts drøm er. Han har måske tænkt som så: Jeg vil alene gå løs på det lille ord "fællesskab" og vride det og ikke bryde mig om, at der foran det står "brødet, som vi bryder" for det ville min forklaring ikke tåle. For når jeg ikke tager notits af det, så vil ingen tage notits af det eller føre det i marken mod det lille ord fællesskab, og dermed har jeg vundet spillet. Det koster mig ikke mere end at regne med at folk er blinde, alle som en.

Men hvorfor siger Paulus ikke slet og ret: "Brødet, som vi bryder, er Herrens legeme", men føjer til "fællesskab med Herrens legeme"? Mit svar er: Hvorfor siger han ikke slet og ret: "Brødet er Herrens legeme", sådan som evangelisterne gør, og sådan som han selv gør i 1 Kor 11, 24, men tilføjer "som vi bryder"? Begge dele har han uden tvivl føjet til, fordi han ønskede at tale så klart og tydeligt, som han overhovedet var i stand til, og dermed afværger han Karlstadts fejltagelse med al magt. Han ønskede nemlig at tale om brødet i nadveren, og det kunne han ikke gøre bedre end ved at tale om brød, som er brud. Ligeledes ville han lære, at *hver enkelt modtager Kristi legeme i sit stykke.* Derfor ville han ikke nøjes med at kalde det Kristi legeme, som om det var i et helt brød, men taler om det legeme, som bliver uddelt til menigheden og gennem brødsbrydelsen bliver givet til alle i fællesskab. At bryde brødet er altså ikke bare Kristi legeme, men fællesskab med Kristi legeme. Det drejer sig altså om noget, som bliver uddelt og taget imod af alle i menigheden. Klarere og stærkere kunne han ikke have talt. Med disse ord ser han jo midt ind i det at bryde brødet, dele det ud og tage imod det. Han ser, hvordan det går for sig, når man bryder brødet, rækker det frem og tager imod det, og siger, at dette brød, som brydes, er fællesskabet med Kristi legeme, at de alle i fællesskab og *hver enkelt for sig tager imod Kristi ene legeme* og på legemlig måde bliver delagtige i det.

Dermed kan du nok en gang se og lægge mærke til, hvordan denne undvige-djævel ikke har noget andet at hjælpe sig med end dette, at han (som han har for vane) gør det, som Gud gør legemlig, til noget åndelig. Han giver heller ikke noget argument eller nogen begrundelse for, at han gør det, men nøjes med at sige det, som om han havde magt til at opstille trosartikler efter eget forgodtbefindende. Følgelig må det legemlige fællesskab med Kristi legeme her være åndelig, akkurat som han i fortsættelsen også vil gøre, når det gælder det at spise og drikke uværdig, og med det at gøre forskel på Kristi legeme, som vi skal se. Jeg skal vise ham tydeligt for dig, så du kan lære Djævelen at kende og tage dig i agt.

Jo, det er mig et pragtfuldt lille påfund, som jeg også gerne skulle lave i stand, hvis et Skriftord, som taler om at gøre nogen legemlig blev for stærkt for mig og slog mig i hovedet, så jeg fik hjernerystelse. Det er bare at tage fat og erklære, at det ikke har truffet mig, for det taler kun om at gøre noget på åndelig vis. Vips, så er jeg fritaget for at levere begrundelse og bevis for tolkningen. Så ville det være let at være himmelprofet. Men hvis jeg blev tvunget til at angive grund, ville jeg stå der som smør i solvarmen og ikke have andet at svede frem end: Det forekom mig så godt og rigtigt!

Men nu står dette ord af Paulus altså som en klippe og tvinger os med magt til at holde fast på, at alle, som bryder, spiser og tager imod dette brød, tager imod Kristi legeme og bliver delagtige i det. Og det kan ikke være åndelig, som sagt, følgelig må det være legemligt. For man kan ikke blive delagtig i Kristi legeme andet end på én af de to måder, åndelig eller legemlig. Videre må dette legemlige fællesskab være noget, som ikke kan ses eller konstateres, ellers ville brødet ikke forblive brød. Heller ikke kan det være blot og bart brød, for da ville det ikke være et legemligt fællesskab med Kristi legeme, men med brødet. *Derfor må det være sådan, at hvor det brød, som er brudt, er, dér er også virkelig og legemlig Kristi legeme til stede, om end på usynlig, måde.* Ordet står der. Den, som kan spise jern, må bare forsøge at bide et stykke af - jeg skal nok se på.

For det tredje har vi ordet i 1 Kor 11, 27: "Den, der spiser Herrens brød eller drikker hans bæger på en uværdig måde, forsynder sig derfor imod Herrens legeme og blod." Men her stikker sekt-ånden af endnu en gang og laver ånd, hvor Paulus sætter legeme. Han siger, at det at spise uværdig, er noget, som sker, når man ikke mindes Kristus ret og har den rette erkendelse af hans legeme osv. Gentager du så spørgsmålet, hvor Skriftgrundlaget er? Hvor er begrundelsen for dette? Hvor er det, teksten viser noget sådant? Ja, så har han ikke mere end fråden om munden at vise frem og beviser ikke noget andet og mere, end at sådanne ord har givet ham brandsår og at det derfor er om at gøre, at komme dem i forkøbet og tage brodden af dem. Akkurat som om jeg

ville forsøge at overtale en, som trækker sværdet mod mig til at tro, at
det er et halmstrå, han holder i hånden, for at han ikke skal slå mig
ihjel. Men det hjælper ikke at skælve for døden. Din afmægtige ånd,
hvor længe skal du fortsætte med at trodse, før du kommer med Skrift-
henvisninger eller tekstgrundlag? Skammer du dig ikke over, at du så
længe må finde dig i, at det bliver påvist, hvordan du slæber dit savl,
dine løgne, dine drømme ind i Skriften?

Nuvel, når Paulus her siger "Den, der spiser og drikker på uværdig
måde" er det altså ikke korrekt formuleret, han skulle i stedet have ud-
trykt sig på denne måde: "Den, der mindes Herren på uværdig måde
eller ikke kender ham", sådan at det at spise og drikke på uværdig
måde blev det samme som den uværdige ihukommelse og erkendelse
af Herren. Eller også må Karlstadts ånd tage fejl på dette punkt, men
hvem kan tro noget sådant? Nej, du må pænt tænke dig, at Paulus var
fuld, så han glemte det og gjorde sig skyldig i en fortalelse, da han talte
om at spise og drikke på uværdig måde. Det han skulle have talt om,
var den uværdige ihukommelse. Karlstadt derimod har været morgen-
frisk og ædru og ramt det rigtige, så han nu har fået bragt Paulus' ord
i orden. Det er Peter Bondeknold og bruden i Orlamünde med rette
taknemlige for.

Lad os nu komme med vort eget syn. Paulus føjer her brødet og
Kristi legeme ind i hinanden akkurat på samme måde, som han gjorde,
da han tidligere sagde "brødet, som vi bryder, er fællesskab med Kristi
legeme". Han ønsket ikke at sige "brødet, som vi bryder, er fællesskab
med Herrens brød", sådan som det ville have lydt smukt i Karlstadts
ører. Følgelig vil han i denne sammenhæng heller ikke sige at den, som
spiser dette brød uværdig, forsynder sig mod eller bliver skyldig i Her-
rens brød, som Karlstadt nok også gerne havde set at der stod. Nej, han
siger at vedkommende forsynder sig mod Herrens legeme, sådan at
han begge steder opnår at få frem, at *Herrens brød er Herrens legeme.*
Hvis det ikke havde været det, han ønskede, måtte han have sagt, som
vi netop antydede: "Den, som spiser dette brød uværdig, han er skyldig
i Herrens brød". Hvad har synden mod Herrens legeme med det at
spise at gøre, hvis det ikke er til stede i maden eller brødet? Da måtte

han have sagt noget i retning af, at den som spiser dette brød uværdig, han forsynder sig mod nadveren eller mod Gud eller mod Herrens bud og forordning.

Nu tvinger sproget og talens naturlige gang til den slutning, at den, som spiser uværdig, er skyldig i forhold til det, han spiser. Derfor er det ikke tilstrækkelig, at Karlstadt siger nej og kommer trækkende med en fodnote. Nej, så længe der står *en klar tekst og al naturlig forståelse af sproget* tilsiger, at den som spiser dette brød uværdig, han bliver skyldig i forhold til Herrens legeme, det vil sige at det er Herrens legeme, som bliver spist i brødet, og at synden sker ved at man spiser og drikker - ja, så må han have kraftige ord og tekster at føre i marken, for at vi skal tro ham. For teksten tvinger med stor kraft til den slutning at, det er ved at spise og drikke at synden sker. Han siger jo "den, som spiser og drikker uværdig", og alligevel siger han, at det er mod Herrens legeme og blod synden sker. Det siger ubestrideligt, at det er ved at spise og drikke, man har forsyndet sig mod Kristi legeme og blod og har behandlet det dårligt.

At man ikke mindes Herren ret, er imidlertid en synd for sig selv, som kommer i tillæg til det at spise uværdigt. Den synd siger Paulus ingenting om her. Alle udsagnene i hele kapitlet viser for øvrig det samme: At synden helt og holdent drejer sig om det at spise og drikke, for i sammenhængen er det hele vejen den uværdige spisning, han kritiserer dem for. Af den grund er det også, at Paulus alarmerer dem og vil, at de ikke skal tænke, at det er almindeligt brød eller vin, de spiser og drikker og omgås på så uværdig måde, men at det er mod Kristi legeme og blod, de forsynder sig, når de spiser på uværdig måde. Dette er, siger jeg, noget, som ligger i dagen ud fra normal forståelse af det, som siges. Så må man begribe, at det er ganske søgt og en ren vilkårlig tvangstanke, han stiller op mod det med sine tryllekunster, noget, som ingen samvittighed eller tro kan hvile på.

Det nytter ikke at ville flytte synden, som Paulus knytter til det at spise, over på det at mindes, som Paulus ikke siger noget om her. Han snakker jo ikke om, hvordan de holder Herrens minde på uværdig vis, men om hvordan de spiser og drikker uværdigt. Nu er der jo ingen

118

grund til og ingenting, som tyder på, at man skulle sætte sig i skyld over for Herrens legeme ved at spise uværdigt eller overfor Herrens blod ved at drikke uværdigt, hvis legemet ikke var til stede i det, som spises og blodet i det, som drikkes. Hvad skulle det ellers være godt for, at han så omhyggelig deler det i to og siger at Herrens legeme krænkes, når man spiser uværdig, og Herrens blod krænkes, når man drikker uværdig?

Hvorfor komponerer han ikke sådan: den, som spiser dette brødet uværdig, bliver skyldig i Herrens blod. Den, som drikker uværdig af dette bæger, bliver skyldig i Herrens legeme? En af delene havde jo været nok, hvis det var sådan, at det fandtes noget hold i Karlstadts opfattelse. Ja, det havde været nok at sige, at den, som spiser og drikker uværdig, er skyldig over for Kristus eller i Kristi død, fordi Karlstadt ved det at spise uværdig forstår den synd, at man ikke ærer og indøver Kristi lidelse og død rigtig osv. Men *siden Paulus nu omhyggelig fæster skylden for blodet til det at drikke uværdig af bægret og skylden for legemet til det at spise brødet uværdig, tvinger den naturlige og klare tale til den slutning, at legemet er til stede i det som spises og blodet i det som drikkes.* Og mod det findes der ikke et menneske, som er i stand til at stable nogen grund på benene, som har nogen rimelighed for sig.

Kort sagt er det intet andet, som er på færde, end den ånd, som laver alt det, Gud har gjort til noget ydre, om til noget indre, som tør sagt. Derfor er han nødt til at bære sig ad på samme måde også her, og overføre den skyld, som Paulus tillægger den legemlige spisning og drikning, sådan at den går på det at spise og drikke åndelig. For når han vrøvler om, hvordan de spiser og drikker uværdig, fordi de ikke i sit indre erkender Kristi legeme eller mindes ham ret, skønner man jo, at det han foretager sig, er at trække det at spise og drikke, som Paulus omtaler som noget ydre, ind i den åndelige sfære. At spise åndelig skal nemlig være det samme som at erkende Kristi legeme ret og mindes ham. Ser du ikke nok en gang, hvordan Djævelen er på færde med den mageløse åndelighed, spundet ret ud af eget hoved uden noget som helst grundlag, uden støtte i Skriften, uden argumenter og bevisførelse?

For det fjerde siger Paulus endnu en gang samme sted (1 Kor 11, 28f.), at hvert menneske skal prøve sig selv og derefter spise af dette brød og drikke af dette bæger, for den som spiser og drikker uværdig, spiser og drikker sig en dom til, fordi han ikke agter på Kristi legeme. Men her kommer Peter Bondeknold ramlende ind med sit taratantara, bliver pludselig græker igen og siger at ordet "diakrinon", som på tysk oversættes med "gøre forskel", også går på det at mindes. Det betyder at man må skelne Kristi legeme skarpt åndelig, og med udstrakt lyst og begærlighed følge efter Kristi lidelse osv. Alt det, denne ånd lærer her, må nemlig gå på det at mindes Kristus åndelig. Nogen anden vise kan Bondeknolden ikke længere. Gud give at han i det mindste havde kunnet den ene godt og ikke havde bluffet med den, for at kunne udbrede sin gift skjul af den.

Kære Peter, jeg beder Dem: Vær venlig og tag brillerne på, eller snyd næsen en smule, så det kan lette hovedet og rense hjernen for Dem. Se nu lidt nøjere på teksten sammen med os. De siger, at det at gøre forskel går på det at mindes. Paulus derimod siger, at det går på det at spise og drikke. Han siger nemlig ikke at den, som holder Herrens minde uværdig, gør sig fortjent til dom, fordi han ikke gør forskel på Herrens legeme. Nej, han siger, at den som spiser og drikker uværdig, spiser og drikker sig en dom til, fordi han ikke gør forskel på Herrens legeme. Hører De det, hr. Peter? Det er i det at spise og drikke uværdig, at det sker, at man gør sig fortjent til dommen. Er ikke det klart nok? Tvinger teksten os ikke til at forstå det sådan?

Gerne skulle jeg have givet Karlstadt to gylden, hvis han bare én eneste gang i alle disse forklaringer ville gøre, ikke mig, men sin egen sag den tjeneste at præstere ét af to: *Enten anføre ord fra Skriften eller godtgøre ud fra den foreliggende tekst*, at hans opfattelse er rigtig. Nu gør han nemlig ikke mere end at viske et lille ord ud her og der. Han smører lidt spyt på, hvor han synes og ser ikke at resten af teksten står igen og vælter det hele, så han bliver liggende med alle fire i vejret. Som her for eksempel. Efter at han længe har drevet på og smurt om sig, at det at gøre forskel går på det at mindes Herren, ser han ikke at teksten står der aldeles klar og siger, at det er noget, som sker i og med at man spiser og drikker. På samme måde var det med eksemplet ovenfor; da han ville gøre fællesskabet med Herrens legeme til noget åndelig, så han ikke, at den legemlige brødsbrydelse knækkede nakken på ham.

Det er med ham som med strudsen. Den er en så naragtig fugl at, når den bare får stukket halsen bag en gren, så tror den, at den er fuldstændig skjult. Eller som med små børn: Når de holder hænderne for øjnene og ikke ser nogen, tror de, at man heller ikke kan se dem. Sådan er det han gør, denne ånd. Han griber et lille ord, som han pynter sig med, men lader hele den tekst stå, som afslører ham og gør ham til skamme. Jeg véd ikke, om han indbilder sig, at der ikke findes bibler eller mennesker igen i denne verden! Akkurat over for mig burde han i hvert fald ikke bruge denne metode, for jeg formanede ham indtrængende i Jena om, at han netop måtte se til at lægge vægt på at træffe sagen, for jeg ville ikke gå fejl af ham. Men han har forstået mine ord på samme måde, som han forstår Bibelen, og har følt sig så truffet, at han kalder mig en ”gal sofist”, et ”svin i blod”, en ” dobbelt papist” og mere af samme slags. Det, jeg mente, var imidlertid, at han skulle tage sagen alvorlig og se til at træffe den rigtig. Jeg havde nær sagt: Hele sjælemessen var ugyldig, for mønten var kun af kobber. Men det hele er Guds værk. Han, som forhærder og forblinder Faraos hjerte, til ære for sin sandhed og sit ord, til trøst for alle troende og til skræk for alle hovmodige.

Så bliver det da stående, at det at gøre forskel her er noget, som sker i og med at man spiser og drikker. På samme måde som det tidligere forholdt sig med den skyld og synd, som knytter sig til Herrens legeme, sådan at den som spiser og drikker uværdig, spiser sig selv en dom til. Hvorfor? Jo, siger Paulus, fordi han ikke gør forskel på Herrens legeme. Sig mig nu - hvordan skal man kunne gøre forskel på Herrens legeme, idet man spiser og drikker? Det græske ord ”diakrinein”, på latin ”discernere”, betyder jo, at man gør forskel på ting og ikke behandler alt ens, men holder noget for at være bedre, ædlere og mere dyrebart end andet. Det, Paulus vil have sagt, er altså, at den som spiser og drikker uværdig, med rette gør sig fortjent til en dom eller en god straf. I og med at han spiser og drikker uværdig, gør han nemlig ikke forskel på Kristi legeme, men ser på og bærer sig ad med Herrens brød og vin, som om det var ganske almindeligt brød og vin og ikke Herrens legeme og blod, det drejede sig om. *Havde han for alvor holdt det for at være Herrens legeme, ville han jo ikke have faret frem og behandlet det værdiløst, som et hvilket som helst andet brød, men ville have vist ærefrygt, ydmyghed og ærbødighed, når han spiste det.* For Herrens legeme måtte han jo vise ærefrygt.

Hvis denne forståelse ikke er rigtig, så kom med en anden og fortæl mig, hvad det er at gøre forskel på Kristi legeme. Ordet i sig selv fortæller nemlig ikke noget mere end det, at man skal lade Kristi legeme være noget bedre og mere specielt og dyrebart end andre ting. Mere end det kan man ikke hente ud af selve udtryksmåden. Når Paulus vil have det at gøre forskel i denne forstand trukket ind i det at spise og drikke Herrens brød og bæger, fremgår det imidlertid også stærkt nok af teksten, at man skal holde Kristi legeme for at være noget bedre og højere end brødet og bægret. Som en konsekvens af det må da følge, at Kristi legeme og blod må være til stede i brødet og bægret, siden de spiser sig til en dom til, de som ved at spise uværdig, undlader at gøre forskel på Kristi legeme, og fordi de gør ret forskel, de som spiser det på værdig vis.

Alligevel kan man ikke fortænke Karlstadt i at han gør, som han gør. For det eneste, hans ånd har i sinde, er, som sagt, at få gjort det åndelig, som Gud vil have legemlig. Ja, så må han jo behandle dette med at gøre forskel på samme måde og postulere, at det drejer sig om at gøre forskel åndelig, i det indre, og at det går på erkendelse i ånden og det at mindes. Og så sætte det dér, hvor Gud vil, at der skal gøres forskel legemlig, på almindelig brød og Kristi legeme. At han skulle angive en grund for det eller at det er nødvendigt at forstå sagen sådan ud fra teksten - nej, kære venner, forstyr ham ikke med dette. Du ser da godt, at han har andet at tage sig til. Det må være nok, at en sådan mand siger det. Om du ikke vil tro ham, så tro i hvert fald hans grå jakke og filthat, som Helligånden må være inden i, som du nok kan forstå!

122

Karlstadts høje kunst her minder mig om dem, som bruger allegorier, og som Hieronymus sammenligner med gøgler i sin prolog. Det er omtrent som, hvis jeg ville gøre Didrik fra Bern til Kristus og kæmpen, han sloges med til Djævelen, dværgen i eventyret til ydmygheden og fængslet til Kristi død. Eller jeg kunne tage en eller anden historie om riddere, som jeg kunne øve min opfindsomhed på og lege med akkurat, som han gjorde, som tolkede hele Ovids Metamorfoser sådan, at de talte om Kristus. Eller, for at mine ånder ikke skal blive forarget over at jeg sammenligner det, de har gang i med verdslige fabler, kunne jeg tage legenden om Georg og påstå at Georg var Kristus, at jomfruen, han reddede var kristenheden, at dragen i havet var Djævelen, at hesten var Kristi menneskelige natur, at lansen var evangeliet osv. Ligeså med teksten, som fortæller, at Peter begyndte at synke og at Kristus hjalp ham. Den kunne jeg udlægge sådan, at havet betyder forfølgelser og trængsler i denne verden, Peter er enhver kristen, når han kommer i tvivl, Kristus er Guds nåde osv.

Den slags pjat er det, de består i, alle kunststykkerne af disse profeter. Den slags kunster er det, de øver sig flittig i, og fordi de har fundet mange andre sådanne tolkninger i Det Gamle Testamente, finder de daglig flere af samme slags. De lærer en masse om de syv besprængninger og fylder bøgerne med den slags kunststykker, som om de var rene kostbarheder og ingen andre end de selv havde kendskab til dem. Og så er tolkningerne så naragtige og tossede, at man bliver helt dårlig af det, især dette med de syv besprængninger. *At man må bevise sådanne tolkninger ud fra Skriften, og at de ikke har nogen gyldighed med mindre det samme er klart udtrykt et andet sted*, sådan som jeg har gjort opmærksom på i prædikenen om de ti spedalske, det bryder de sig heller ikke om. Når de bare har digtet det sammen, er det nok for dem, for da er det allerede bevist.

Sådan er det også Karlstadt går frem her. Af sine profeter har han lært kunsterne, og fordi han af naturen har et sært hoved, som bestandig er på jagt efter noget besynderlig, noget som ingen har vidst noget om før, så farer han på og vil kaste terning med ordene hos Paulus og lave allegorier, sådan som han er vant til fra Det Gamle Testamente.

Dermed bliver Paulus her pænt nødt til at tale om et åndeligt og ikke om et legemligt fællesskab, om at gøre forskel åndeligt og ikke legemligt, om åndelig og ikke om legemlig uværdighed, når man spiser, om åndelig og ikke om legemlig skyld i forbindelse med Herrens legeme. Og så tror den blege og magtesløse djævel, at man ikke skal få øje på ham. At nej, min gode mand, man ser dig godt. Du har ikke malet dig nok. Du må vælge en anden farve og smøre tykkere på!

Måske vil du indvende, at det er da sandt, at havet betyder forfølgelse, Kristus Guds nåde og det at synke svagheden og fortvivlelsen. Er det måske ikke sandt nok, at Guds nåde hjælper os under forfølgelsen? På samme måde er det heller ikke urigtig eller falskt, at man har et åndelig fællesskab, gør forskel på Kristi legeme i ånden, spiser åndeligt uværdig og gør sig skyldig i Kristi legeme på åndelig måde. Allegorier eller tolkninger af den slags er normalt sande og rigtig smukke og gode alle sammen. Til det vil jeg svare, at det vi nu strides om, ikke er hvor vidt de alle er falske eller ej. Men det véd jeg imidlertid også, at de ofte tager fejl og kun er drømmespind, fordi de bliver frembragt uden noget som helst grundlag i Skriften. Akkurat som de besprængninger disse profeter kommer med og fantaserer om.

Hvad jeg argumenterer imod, er at Karlstadt her ikke bare postulerer alt dette uden noget som helst Skriftgrundlag og holdepunkt i teksten, men også vil bruge denne tilsyneladende store åndelighed til at kvæle, fornægte og spotte den rette forståelse af det, som står skrevet. Den, som teksten ganske naturlig tvinger frem, og som hans tryllerier ikke tåler. Ville han bare lade den forståelse blive stående ubeskåret, skulle jeg gerne lade ham allegorisere, tolke åndelig, trylle og lege helt til han blev træt af det. Akkurat som med Peter: *Hvis man blot lader det blive stående, at han ifølge den bogstavelige betydning gik på vandet, og sank osv., så spørger jeg ikke efter, hvordan man videre tolker det, så længe det foregår, uden at troen skades ved det.*

Hvis bare Karlstadt her altså ville lade det legemlige fællesskab med Kristi legeme, det at gøre forskel legemlig, den legemlige uværdighed, når man spiser, den legemlige skyld for det at spise uværdig, blive stående, ja, så skulle jeg til gengæld lade ham gøre, hvad han ville. Paulus siger jo også i Rom 12, 6, at profetier skal være i overensstemmelse med troen. Det siger han, for at ikke enhver skal tolke dem, som man har lyst til og så binde samvittighederne til det. *For det er i virkeligheden intet andet end gøgleri, når noget fremstilles, som om det sker og er sandt, mens der ikke findes noget bagved.* Sådan er det med denne åndelige udlægningen af Paulus fra Karlstadts side. For ham selv og hans tilhængere lader den til at være en storartet og mageløs sag, men når man trækker den frem i lyset og ser efter i forhold til teksten, er det er noget rigtigt narreværk. Der findes nemlig hverken grundvold eller sandhed. Den er bare digtet sammen af ham selv og tvunget på teksten med vold.

Hvis den slags åndeligt taskenspilleri skulle have nogen gyldighed, så ville jeg gerne holde skole i det for Karlstadt og alle hans profeter i hele tre år. For det er noget, jeg var solidt øvet i, da jeg for ti år siden begyndte at lære mig Bibelen, før jeg fik fast grund under fødderne. For mig ville det også være den letteste sag af verden at sige: I begyndelsen skabte Gud himmel og jord, 1 Mos 1, himlen betyder englene og de åndelige skabninger, jorden betyder de legemlige skabninger. Mener du ikke, at det ville være godt og aldeles rigtig sagt? Javel, *men hvor bliver der af teksten i dette?* Hvordan vil jeg føre bevis for, at himmel og jord på dette stedet ikke betyder den naturlige himmel og jord, sådan som sproget tilsiger? Kære, *det er det naturlige sprog, som er kejserinden, og det skal herske over alle subtile, spidsfindige og sofistiske opdigtninger. Det må man ikke fravige med mindre en åbenlys trosartikel tvinger en til at gøre det*, ellers ville ikke et eneste bogstav i Skriften stå i fred for de åndelige taskenspillere.

I denne henseende har også den store lærer *Origenes* drevet med narrespil og har forført Hieronymus og mange andre med ham. Derfor var det med rette at hans bøger i sin tid blev forbudt og fordømt på grund af disse åndelige gøglerier. *Det er nemlig farligt at lege sådan med Guds ord, som samvittighederne og troen skal regeres ved. Derfor skal det, som fremføres, være klart og sikkert, og alt skal have et fast, sikkert og trygt grundlag, som man trøstig kan stole på.*

Dette er *hovedsagen i denne artikel,* og med det skulle vi ved Guds nåde have gjort nok, for at styrke troen hos alle, som har god samvittighed. Klarer vi ikke at omvende de forstokkede Karlstadts-folk med det, så har vi i hvert fald opnået, at påvise to ting i vores konflikt med dem. Den første er, at de hverken er i stand til at føre Skriftbevis for deres sager eller tvinge teksten til at sige det, de vil. Nej, det eneste, de har at komme med, er deres egne tågetanker, som de - rigtignok uden at lykkes - drister sig til at forsøge at mørklægge de klare udsagn med. For vi kræver ikke nogen begrundelse, for at han siger nej til vores opfattelse, for den skal vi nok give grunde for selv, sådan som vi også gør. Men at han fremsætter en anden opfattelse, uden at give nogen begrundelse for den, se, det lyder skammeligt, når det er sådan en stor ånd, det drejer sig om. Den anden ting er, at alt det, de stabler på benene af argumenter mod os, er uden hoved, hale og hold. Derfor byder vi dem modstand igen til slut, for at presse dem til at tage sig sammen og gøre deres bedste. Vi skal ikke ty til noget andet end disse udsagn, for at holde stand, det være sig mod de tidligere, de nuværende eller de fremtidige kunster og deres klogskab. De skal ikke formå, at fravriste os dem på denne måde. Det eneste Karlstadt har at klynge sig til, er jo at han med sine egne tågetanker og uden nogen som helst grund overfører det som evangelisterne og apostlene med klare ord lader gå på det at spise og drikke, på det at mindes Herren. Frit frem med en anden, som kan gøre det bedre!

Men selv om det nu havde været noget hold i al Karlstadts larm, og selv om han havde vundet over os over hele linjen og vist (hvilket rigtignok er ganske utænkeligt) at vores tro var falsk, hvad ville han så have udrettet med det? Hans egen tro ville jo ikke være ret eller sikker af den grund. Han fører jo ikke bevis for nogen ting, men snakker bare hen i vejret omtrent, som når man fortæller et eventyr. Han anfører ingen begrundelser, giver ingen Skrifthenvisninger, ingen argumenter, sådan at ingen samvittighed kan støtte sig til det eller stole på det, med mindre den da ville slå sig til ro med, blot at have Karlstadts ord at bygge på. Den, som følger Karlstadts syn, må altså sætte sig mellem to stole og svæve frit mellem himmel og jord, og vil ikke have nogen ting af nadveren i behold. Vores tro lægger vedkommende nemlig bag sig, og den anden kan han ikke få fat på, i og med at den ikke har en eneste grund eller noget som helst Skriftord for sig. Som jeg altid har sagt, er det også det, som er Djævelens endelige målsætning: At ophæve hele nadveren og *alle Guds ydre ordninger*, sådan at man skal *nøjes med at blive stående og måbe efter ånden med hjertet, indvendig*, sådan som profeterne lærer.

Dermed kan nu alle og enhver (mener jeg) se, at Karlstadts ånd er en ånd, som vil narre folk med ordet "åndelig" og sætter sig for, at gøre alt det, Gud vil have legemlig, til noget åndelig, så han kan gøre noget tilsyneladende stort og imponerende ud af sin gift. Havde han nu bare føjet en begrundelse til og ikke nøjes med at sige "sådan er det, sådan er det", men ført bevis i og ud fra teksten, for at det skulle og måtte være sådan, ja, så havde det været en fin ånd. Men når han nu ikke gør nogen andet og mere end at sige sit eget, kan vi svare: Du lyver, kære ånd, for alle mennesker er løgnere. *Paven løj også på samme måde. Hans ånd var imidlertid mere optaget af at få gjort det åndelige om til noget legemlig, sådan som han laver den åndelige kristenhed om til en legemlig, ydre menighed.* Denne sektånd derimod er mest optaget af at få gjort det om til noget åndelig, som Gud gør til noget legemlig og ydre. Derfor går vi ret frem, midt imellem dem, og laver ikke nogen ting hverken til nogen åndelig eller nogen legemlig, men *holder det for åndelig, som Gud gør åndelig, og det for legemlig, som Han gør legemlig.*

Om nu enkelte skulle blive tilbage og klamre sig fast i denne vildfarelse og denne Karlstadt-nadver, eller hvis yderligere nogen skulle komme til at falde for det, hvad ville det gavne ham. Ja, om så hele verden faldt fra vort syn? Hvad må vi ikke gøre, når det angår evangeliet, som jo har større betydning? Falder måske ikke alverden fra og kæmper imod det? Hvor få er det ikke, som hænger ordentlig fast ved det? Lad dig derfor heller ikke forvirre, hvis det kun er få, som behandler nadveren ret og tror rigtig på det. Lad fare, lad gå, se bare til, hvor du selv står. Det er ingenting at undres over, at det er mange, som farer vild. Forunderlig er det snarere, at det er nogen, som ikke farer vild, om de er aldrig så få. Kristus siger selv: Tror du at Menneskesønnen vil finde troen, når han kommer? (Luk 18, 8). Den, som farer vild her, gør det imidlertid uden mit ansvar. Jeg har advaret og lært trofast nok.

Om Mor Hulda, Karlstadts snusfornuft i nadver-spørgsmålet

Vi har nu lagt grundlaget ud fra Skriften og har gjort regnskab for vores tro. Desuden har vi også tilbagevist det grundlag, Karlstadt bygger på. Nu vil vi se, hvor godt han snakker for sig i disse spørgsmål, når han *begynder at spørge fornuften til råds* og lader den fortælle ham, hvad han skal bygge på. For Karlstadt er nu blevet langt dummere end papisterne nogensinde har været. Papisterne har jo trods alt bestandig anstrengt sig for at anføre Skriftsteder for deres syn, selv om de har brugt dem på uret vis. Karlstadt derimod har ikke andet at komme med end touto og tatto, punktum og store bogstaver og egne fodnoter, taget lige ud af hovedet. Ikke så meget som et eneste Skriftsted. Papisterne på sin side bekender, at man i spørgsmålet om nadveren ikke skal rette sig efter fornuften, men efter Guds ord. Karlstadt derimod river til sig og samler på alt, hvad fornuften bare er i stand til at demonstrere, lære og dømme om i dette spørgsmål. Er det ikke herlige profeter og himmel-ånder?

Første præstation fra denne højærværdige fornuft er, at den trækker følgende slutning: Hvis Kristi legeme og blod skulle være til stede i nadveren, måtte konsekvensen være at det var brødet og ikke Kristus selv, som blev korsfæstet for os og skænket os. Teksten siger jo: ”Det er mit legeme, som gives for jer,” og disse ord tolker Mor Hulda sådan, at de betyder hverken mere eller mindre end at brødet gives for os. Videre skal det være ensbetydende med at sige: Mit legeme bliver ikke givet for jer, før det er blevet til brød. Nu, hvad synes du om klogskaben? Sæt dig til modværge og slå nu fast at dette ikke kan være himmelprofeter! Spørg bare, hvor de har lært den slags grammatik, eller hvilken grund, de har til at tolke Kristi ord sådan, så får du nok himmelstemmen at høre, skal du se!

Lad os gå videre: Det er intet andet end slyngelstreger, Djævelen her driver på med. Sig mig, Mor Hulda, De som ellers er så jomfrunalsk, at De ikke vil tolerere, at vi lægger til eller trækker fra så meget som et eneste lille ord, hvor det drejer sig om Guds ord, hvordan kan De her pludselig være så løssluppen, at De sætter massevis af ord til og siger: Mit legeme bliver ikke givet for jer, før det er blevet til brød? Eller hvorfor foretager De en forkortelse i den anden sætning og siger: Brødet gives for jer? Vær så venlig og vis mig hvilket sprog, det er, som er sådan konstrueret, at det forstår eller udtaler ”det er mit legeme, som gives for jer” på denne måde: Brødet gives for jer, eller sådan: Mit legeme bliver ikke givet for jer, før det er blevet til brød! Hvad om nu alle sprog er sådan, at de ikke kan forstå dette udsagnet på anden måde end det lyder: Det er mit legeme, som gives osv.? Det er ikke noget andet legeme, som gives for jer end dette, som jeg her giver jer at spise, idet jeg dør. *Af det følger ikke, at det bliver spist og korsfæstet samtidig, men det er det samme, som her og nu bliver spist, og som bagefter, når det ikke bliver spist, gives for jer.*

Her vil jeg trække Johannes Døber ind som eksempel, dér hvor han peger på Kristus og siger ”Se, det er Guds lam, som tager verdens synd bort” (Joh 1, 29). Hør nu her, sektånd: Her siger Johannes, at Kristus bærer eller borttager verdens synd, til trods for, at han ikke er kommet til korset endnu. Kære, ven, her må du gå hen og sige: Af dette følger, at Kristus ikke er blevet korsfæstet for os, for ordene siger jo, at Kristus ikke bar verdens synder, før Johannes peger på ham og kalder ham Guds lam, som bærer verdens synd. Og der er ingen anden Kristus, som er blevet korsfæstet for os, heller ikke til nogen anden tid eller på noget andet sted, end da Johannes pegede på ham ved Jordan, for dér bærer han synden, før han bliver korsfæstet, akkurat som han her bliver givet for os i brødet.

Det samme er tilfælde i Joh 10, 11, Hvor Kristus siger: ”Jeg er den gode hyrde. Den gode hyrde sætter sit liv til for fårene”. Kom igen, kære sektånd og lad os lære af jer her: Fordi Kristus her sigter til sig selv, når han siger, at han giver sit liv for os, så må følgen være, at dette var noget, som skete i samme stund, mens han lærte jøderne og talte disse ord om sig selv, og ikke på korset. Han blev altså ikke korsfæstet for os bagefter. For ordene tyder ikke på noget andet, siden han siger "jeg sætter mit liv til". Han siger ikke: "Jeg vil sætte mit liv til", akkurat som han her i nadveren siger "som *gives* for jer" og ikke "som *vil blive* givet for jer". På samme måde må man forstå det, når han siger: "Jeg giver dem evigt liv". Han siger ikke: "Jeg *vil give* dem". Ligeså når han i Joh 17, 19 siger "Jeg helliger mig selv for dem". Han siger ikke "Jeg *vil hellige* mig selv for dem". Åh, I skulle skamme jer helt ind i hjertet, I store, grove æselhoveder, I som foregiver at komme med sådanne mageløse kunststykker og profetier og så lader den slags gå ud i verden, som lægger det åbent for dagen, at I enten af ren og skær ondskab ikke vil eller af uvidenhed ikke kan tale ret eller forstå det, som siges.

Men hvis Djævelen står så fast på det ord, som siger "som gives for jer" og insisterer på, at det skal forstås om nuet og samtidigheden og ikke siger "som *skal gives* for jer i fremtiden", ja, så stopper vi netop hans egne ord ned i halsen på ham igen og siger: Hvis det er sådan at disse ord "dette er mit legeme" går på Kristi krop, som sidder der, 107 så følger af det, at Kristus ikke kan være korsfæstet for os. Efter ordlyden går udsagnet jo på den Kristus, som sidder dér, og som endnu ikke er korsfæstet for os, for han kunne ikke hænge på korset og samtidig sidde ved aftenbordet. Altså kunne han ikke være givet for os, før end det tidspunkt, da han sad dér og pegede på sig selv. Er det ikke at skyde sig selv i sænk af bare klogskab?

Men hvis det nu er mulig for jer himmelprofeter, at Kristus sidder og siger "som gives for jer", og I må tolke udtrykket "gives" sådan, at det betyder "som *skal gives* for jer", eller "som det er fastsat og bestemt, skal gives for jer" og altså lade det gå på *to forskellige tidspunkter*, det ene idet han sidder og peger, det andet på at han bliver korsfæstet og overgivet - ja, så beder vi om, at I heller ikke modsætter jer, at hans legeme her er i brødet og bagefter, på korset, ikke er i brødet. Og da heller ikke modsætter jer, at vi kan sige over brødet: "det er mit legeme, som gives for jer," det vil sige: "som skal gives for jer", eller: "som det er fastsat og bestemt, skal gives for jer", som om det allerede var givet.

Hvor er De med Deres klogskab, Mor Hulda? Ja, hvor er vidnesbyrdet inde i inderligheden, som gør, at De ikke behøver noget ydre vidnesbyrd for Deres sag? Dette, kære læser, siger jeg for at du skal genkende den elendige djævel, som i Karlstadt udgiver sig for ånd. For når det gælder denne første fornuftspræstation, praler hans Peter Bondeknold sig i høje toner af sin ånd og taler aldeles fortræffelig om tingene på himmelprofeternes vis. Nemlig, som jeg før har sagt, *sådan at de ikke først går vejen gennem det ydre ord og kommer til Ånden, men sådan at de går ud fra Ånden og kommer til det ydre ord.* Til støtte for det anfører de Kristi ord i Joh 15, 26-27: "Sandhedens Ånd skal vidne, men I skal også vidne". Akkurat som om apostlene havde snublet over Ånden uden Kristi ydre ord. Af den grund praler Peter Bondeknold af, at han for sin egen del har nok i det indre vidnesbyrd. Det ydre tager han bare med af hensyn til de andre, for at belære og formane dem.

Her hører du, hvad slags teologi det er, de bedriver: Andre skal værsgo lære det gennem deres ord i det ydre - det er det, de kalder et ydre vidnesbyrd - de selv derimod er bedre og mere højtstående end apostlene og *vil lære det uden ydre ord og uden formidling, direkte som noget indre og åndelig.* Men det er noget, som ikke engang blev betroet apostlene, men som bare tilkommer den enbårne Søn, Jesus Kristus. Her kan du se Djævelen selv, som jeg tidligere har sagt dig. *Han, som ikke bryder sig det ringeste om det ydre ord, og som absolut ikke vil vide af, at det skal komme som forløber for Ånden.* Se bare til og vogt dig for ham, og vær vis på, at disse profeter er fulde af djævle, sådan som du allerede kan se det her, på den første fornuftspræstation, og skal få at se endnu bedre i fortsættelsen. En så højtsvævende ånd, som er over apostlenes niveau, skal der sandelig også store tegn til som bevisførelse. Men sådan som de beviser deres lære og ydre vidnesbyrd med Skriftsteder, akkurat på samme måde er det de beviser deres ånd og indre vidnesbyrd med tegn. Den ene djævel er lige som den anden.

Men tænk nu, om Karlstadt og hans sværmere bare kunne undlade deres sofisteri og fornuftsvæsen, som de udfolder, når de drager så drabelig i kamp mod dette, at Kristus over brødet siger "dette er mit legeme" og ikke vil eller kan forstå, at brød kan være legeme. Tænk om de kunne undlade det og gøre ét af to: Enten give Gud æren og lade Hans ord være rigtige og sande. *Selv om de ikke umiddelbart forstår, hvordan det kan gå til, at de er rette og sande, kunne de slå sig til tåls og tro det, fordi de hørte, at Gud siger sådan og vil have det sådan.* Eller også ville de gøre klogt i at gøre det samme ud fra det, som er normalt i Skriften og ud fra *sprogenes enkle lovmæssigheder,* og lade de subtile og spidsfindige tanker fare.

For om man nu ser efter sprogenes enkle lovmæssighed, kan man om et stykke glødende jern sige "Det er ild", eller: "Jernet, som ligger der, er jo ren ild". Hvis nu en kontroversiel sofist for at bevise sin sylespidse klogskab ville blæse sig op og forfægte mod al verden, at jern og ild er to forskellige ting, og at det under ingen omstændigheder kan være sandt, at jern er ild - sig mig, ville ikke en sådan person være en gal nar, når han forsøger at føre folk væk fra den enkle måde at tale på, til sin egen spidse, skarpe, sofistiske talemåde? Det er jo intet andet og mere, det enkle sprog vil med udsagnet "jernet er ren ild" end at vise til at jern og ild er forenet på en sådan måde, at hvor jernet er, er ilden også. Det findes ikke et menneske, som er så tåbelig, at det her har behov for den store sofist-klogskab, som forklarer at træ ikke er sten, ild ikke er jern, vand ikke er jord.

Ligesom nu jern er ild og ild er jern ifølge sprogets enkle måde at virke på, og ligesom de to ting er forenet og på samme tid er ét, men alligevel sådan at hver beholder sin egenart, på samme måde havde de her også let kunnet bøje sig og ladet den spidsfindige klogskab fare, sådan at de med Kristus og hele verden på sprogets enkle og ligefremme vis kunne sige om brødet: "det er mit legeme". *At sige det er jo ikke noget mere end at sige, at brød og legeme her er ét eller forenet som jernet og ilden.* Ingen er jo så dum, at han af den grund vil påstå, at brød og legeme ikke efter sit væsen er to forskellige ting. Tilsvarende siger vi jo om mennesket Kristus: "Han er Gud", eller omvendt: "Gud er menneske". Alligevel findes det ikke nogen, som er så dum, at han ikke véd, at guddommelighed og menneskelighed er to forskellige naturer, og at ingen af dem bliver forvandlet til den anden. Den enkle udtryksmåde vil bare sige og vise så meget som, at i Kristus er det guddommelige og det menneskelige forenet som ét, sådan at hvor mennesket er, dér er også Gud legemlig til stede, som Paulus siger (Kol 2, 9).

Se, sådan havde de med lethed kunnet holde sig til sprogenes enkle måde at tale på, i stedet for at lade den spidsfindige og søgte fornuftsskab volde så meget unødig møje og besvær både for dem selv og andre. Du skal bare se, når de først har givet sig ud på den galej, at de ikke vil *ære Guds ord ved at tro det eller tage imod det efter den enkle, sproglige betydning,* men vil vurdere det og herse med det med en sofistisk fornuft og hårfine subtiliteter, så vil de nok komme derhen, før de véd af det, at de også fornægter at Kristus er Gud. For fornuften lyder det jo lige så tåbeligt, at sige "menneske er Gud" som at sige "brød er legeme". Og når de først fornægter det ene, kommer de snart til at fornægte det andet også. Det er også, hvad Djævelen ønsker at opnå. Det er jo for igen at få indsmuglet alle de gode, gamle kætterier, at han har ført dem bort fra Skriften og over til fornuften. Jo, du skal nok få mirakler at se, når det viser sig, hvor klog fornuften er. Ikke mindst når den slår sig ned i den tossede pøbel og ryster på hovedet og siger: Kære, guddommelighed og menneskelighed er da to forskellige ting, lige så klart adskilt fra hinanden, som det evige fra det, som hører hjemme i tiden. Hvordan kan da det ene være det andet, eller hvordan kan nogen sige: "menneske er Gud"? Da måtte du jo også sige, at tidsbegrænset er evig, dødelig er udødelig og lignende. Sådan er det jo klogskaben driver og larmer mod nadveren inde i hovedet på Karlstadt. Og når de kommer hid med samme tankegang, vil de virkelig have gjort det godt.

Eller hvis de nu ikke kunne lide denne måde at tale på, kunne de have rettet sig efter Skriftens udtryksmåde, hvor den talefigur, som hedder *synekdoke,* er i almindelig brug. Det betyder, at man nævner et eller andet som *en helhed,* men kun mener *en del af den.* Sådan som Skriften for eksempel gør, når den kalder Israelsfolket for "ejendom" og Guds særskilte folk (2 Mos 19, 5), til trods for at størstedelen af det bestandig hørte Djævelen til og kun den mindste del var Guds. På samme måde forholder det sig, når Paulus kalder galaterne, korintherne og folk andre steder for Guds menighed, til trods for at det bare var mindstedelen af dem, som virkelig var Guds børn. Ja, i 1 Kor 10, 17 kalder han til og med alle dem, som har del i det ene bæger for ét brød og ét legeme, til trods for at mange af dem tog imod bægret på uværdig vis, som han selv siger.

På samme måde kunne disse sofistiske og sylespidse skabninger på dette sted have tolket hele udsagnet om brødet og legemet, sådan at det kun går på legemet, når Kristus siger: "Det er mit legeme", uanset brødet. Ikke sådan at forstå at brødet ikke er til stede, men vægten ligger i den grad på legemet, at han taler om det, som om det kun var legemet, som var dér, og alt, som er til stede, det være sig brød eller farve, ikke var noget andet end legemet. Det er akkurat, som når en mor peger på vuggen, hvor barnet ligger og siger: "Det er mit barn" og en sofist vil drive gøgl med hende og siger: Hvabehar, er vuggen dit barn? Tror du ikke, at hun ville holde ham for en nar eller pjatmager, som med vilje ikke ville forstå meningen, når hun peger på vuggen og barnet på samme tid, til trods for at det først og fremmest er barnet, hun mener, som om der ikke fandtes nogen vugge der.

På lignende måde kalder Paulus i Rom 1, 16 det mundtlige evangelium for en Guds kraft. *Slip en klog sofist til, som forstår at skille Guds kraft (som jo er evig) fra stemmeklangen, som forsvinder på et øjeblik.* Han kommer til at demonstrere sine kunster og trylle et touto eller tatto, sådan at han kan trække følgende slutning: En legemlig stemme kan ikke være Guds kraft, ergo må Paulus lyve, når han kalder et sådant mundtlig, legemlig ord for Guds kraft. Det samme ville Peter måtte finde sig i at høre, for han siger i 1 Pet 1, 25 at Guds ord forbliver i evighed, sådan som Esajas også siger (Es 40, 8), og sigter til selvsamme ord, som bliver forkyndt iblandt os. Hvordan kan det være sandt, at noget evigt er noget forgængeligt?

At det er tilfælde, kan en sofist ikke tro. Den, som kender Skriftens almindelige måde at tale på derimod, bliver ikke det mindste forvirret af dette. Det er en smal sag at forstå, for synekdoke-figuren, som er en mægtig regent, ikke bare i Skriften, men i alle sprog, lægger det alt sammen fint til rette. Så kan du nu se, at denne onde ånd ikke engang kan snakke eller forstå sit eget modersmål, og at Karlstadt, som blærer sig af sine evner på græsk og hebraisk, havde fortjent at man førte ham og hans profeter tilbage til deres mor eller satte dem i en tysk skole, så han først kunne lære at snakke og forstå tysk.

Den anden præstation den høje fornuft kommer med, er dette, at Karlstadt farer frem, som om han havde godtgjort, at der ikke er andet end brød og vin i nadveren, og spørger, hvor Kristus har givet besked om, at man skal tage imod hans legeme. Han har kun sagt, at man skal tage brødet og spise det. Derfor burde de "indtørrede" prædikanter (du al verden for flot sprog!) have forkyndt, hvordan man skal spise Herrens brød på værdig vis, sådan som Paulus gør. Hvis jeg nu spørger disse høje ånder tilbage, hvor det da står, at Kristus siger "tag brødet og spis det", så vil de måske vise mig vidnesbyrdet inde i indvendigheden. Det må en troldmand tro på, jeg gør det ikke. Jeg kender ikke noget sted, hvor Kristus giver besked om at tage brødet og spise det. Nej, han siger "tag dette, spis det, det er mit legeme". Her giver han mig besked om at tage hans legeme og spise det, og ikke brød. Men denne ånd har jo magt til at fastsætte alt, til at forandre og lægge til og trække fra, som han vil. Hvordan kan han tage fejl?

For at forstærke dette lille stykke fra fornuften giver han paven skylden for en række grufulde ting. For det første, at han tyvstjæler Gud for den ære, Han har krav på, ved at han påbyder, at vi til brødets skikkelse skal sige: Min Gud, vær mig nådig. For det andet, at han modsiger sandheden ved at lære, at vi skal mindes brødet og glemme Kristi legeme. For det tredje, at han ødelægger Paulus' lære ved at han holder brødets skikkelse så højt, at vi glemmer at mindes Herren. For det fjerde, at han gør folk afsindige ved at lære os at spise brødet på højtidelig vis, selv om vi aldrig skænker Kristus en tanke. For det femte, at han gør Kristi lidelse unyttig ved at lære, at Kristus i brødets skikkelse tilgiver synden og har forløst os. Hvis det var rigtigt, ville det have været til ingen nytte at han døde på korset. Her kan du høre pave.

Følg bare godt med. Jeg mener, du har fået dig en midt i ansigtet. Disse fem anklager har han spyttet fra sig i et så trøsteløst kaos, at jeg har haft store anstrengelser med at bringe tilpas orden på dem.

Hvad skal jeg gøre? Tager jeg til modmæle, så er jeg papistisk. Men Karlstadt har nok tænkt som så, at pavens ondskab er bragt for dagen af andre, før jeg kommer til, men nu vil jeg sandelig også gøre mig til ridder på den døde Hektor. Hvis jeg kun skal skrive det samme, som andre har skrevet og ikke har nogen nyt at byde på, så vil det være en skam for en himmelprofet af min størrelse. Ok, jeg vil gå løs på ham, om jeg så skal skrive bare løgner om ham. Ret skal være ret, paven og hans følgesvende har gjort og gør mig fortsat hver dag mere fortræd end Karlstadt. Ja, hidtil har de foragtet Karlstadt på det stærkeste. Alligevel ville jeg ikke være så dum, at gå til angreb på paven med noget, som jeg selv var klar over var løgn og bagvaskelser. Paven og hans følgesvende bryder sig ingenting om, at jeg har truffet dem med klare Skriftsteder og den skære sandhed, hvorfor i al verden skulle de så tage notits af, at Karlstadt går til angreb på dem med noget, som han selv véd, er håndgribelige løgne?

Med pavens og følgesvendenes liv må det være, som det vil. Det vi nu snakker om, er hans lære. Altså ikke pavens livsførelse, men hans læresætninger. Her, siger jeg, gør Karlstadt sig ikke skyldig i nogen fejltagelse. Nej, hans samvittighed véd godt, at han åbenlyst lyver om paven. For han har selv været sofist, har gået i de højere skoler og har både lært sig og undervist i pavens teologi. Nu lærer paven ingen steder, at man skal sige "min Gud, vær mig nådig" til brødets skikkelse, som al verden godt véd. Heller ikke lærer han noget sted at, man skal agte brødet så højt, at man glemmer at mindes Herren. Heller ikke lærer han noget sted, at man skal spise brødet med højtid, selv om man aldrig ofrede Kristus en tanke, når man gør det. Heller ikke gør han Kristi lidelse unyttig ved at lære, at Kristus i brødets skikkelse tilgiver synden og forløser os. Han lærer i øvrigt slet ikke noget sådant. *Disse fem anklager er noget Karlstadt lyver paven på i strid med sin egen samvittighed, det véd både han selv og verden ellers.*

Når han derfor vil beskylde paven for at stjæle Guds ære som en tyv, for at modsige sandheden, for at ødelægge Paulus' lære, for at gøre folk afsindige og gøre Kristi lidelse unyttig, skulle han have andet og mere at fare med. For det, som disse anklager beviser, er snarere, at Karlstadt har en løgnagtig og ond ånd, som fratager folk deres ære offentligt, modsiger hans egen samvittighed og gør sig selv til synd og skam for al verden som en anden afsindig nar. Det er mig en nydelig ånd, som vil drive Djævelen ud ved Djævelen, ja skænde den åbenlyse sandhed ved åbenlys løgn!

Hvad kan vel Karlstadt have villet med disse uforskammede løgne? To ting, tænker jeg. For det første at pøbelen skulle tænke: Åh, det er ingenting, det Luther og andre har udrettet mod paven. Nej, de hykler bare alle sammen. Men her er manden, Karlstadt, han skal nok lykkes, for han forstår at vise paven helt frem. Eller hvad mener du, nabo Anders og kære fætter Peter? For det andet, at han skal fange Luther sammen med paven og banke ind i sine slamberter og tølpere, at Luther lærer akkurat det samme som paven. Ja, at han er dobbelt papist, sådan som han også kalder mig. Det er det, Karlstadts djævel har for. Han er ikke fjende af pavens djævel. Nej, det er ham, som har sendt ham ind i Karlstadt, for at hjælpe pavedømmet på fode igen med list. Alt det, som Gud gennem os har udrettet ved evangeliet, de mange sjæle, han har frelst, alt det vil han gøre til intet, for det er dette, som river surt i næsen på Djævelen.

Vel, vel, så må du, min læser, på din side vide, at når Karlstadts ånd er så fræk og frivol, at den ganske uforskammet og åbenlyst lyver om folk, i strid med hans egen samvittighed, i sådanne store og vigtige sager, hvor man bør sky alle fejltagelser og al tvivl (for ikke at snakke om åbenbare løgner) som gift, så er en sådan ånd intet andet end en vred og hævngerrig djævel. Den mener det ikke alvorligt, når den håndterer dette. Nej, gennem Karlstadts skinsyge forbitrelse vil den bare hævne sig på os og tilintetgøre vort evangelium. For vi lærer jo ikke, at man skal tilbede brødets skikkelse, frygte eller holde højtid for det eller glemme Herrens død, men vi ærer Kristi legeme og blod i brødet, som han selv godt véd. Det er jo for øvrigt det, han forfægter mod os i hele sin bog, at vi ikke holder det for at være bare brød eller brødets skikkelse, og så beskylder han os alligevel for kun at ære brødet. Han snakker som en, der er gået fra forstanden og modsiger sig selv.

Følgelig kunne vi med større ret sige, at Karlstadt røver æren fra Gud, modsiger sandheden, ødelægger Paulus' lære og gør Kristi lidelse unyttig, fordi han stik i strid med klare og stærke tekster nægter, at Kristi legeme og blod er til stede i nadveren. Han kommer trækkende med fodnoter, han har lavet i sit eget hoved, og som hverken har sandsynlighed, argumenter, Skriftgrundlag eller nogen andet for sig. Til sidst kan han heller ikke dy sig for at komme med gode, tykke, stærke løgne og modsige sig selv som en tosse. Se, her har du det andet flotte nummer fra den kære fornuft. Her kan du se, hvor flot den forstår at opføre sig i sager, som har med Gud at gøre. Hvordan det er sandt, at Kristus i nadveren tilgiver os synden, finder vi bedst at vente med til senere, for det er ganske spildt, det han anstrenger sig med i så måde.

Det tredje nummer, Mor Hulda har at fremføre, når det gælder at bevise at Kristi legeme ikke er i nadveren, er det sted, hvor Kristus siger, at hans kød ikke gavner noget, Joh 6, 63. Ligeledes: "Det er til gavn for jer at jeg går bort, for går jeg ikke bort, vil Talsmanden ikke komme til jer." (Joh 16, 7.) Hvor har Kristus (siger han) givet os besked om at tage imod hans legeme? Det er det spørgsmål, han så ofte stiller med sit touto, sikker på at han har vundet spillet. Så må vi på vores side svare tilbage, som vi svarer en, som har tabt og står igen med hele skammen, at Kristus har givet os besked om at tage imod hans legeme, hvor han siger "tag det, spis det, det er mit legeme". Lad det være sagt som svar på dette spørgsmål, én gang for tusind. For touto med stort bogstav og punktum har mistet flaget, sådan som vi har vist ovenfor.

Men er det ikke et flot kunststykke og en mægtig slutning, dette at kødet ikke gavner noget, derfor modtager man ikke Kristi legeme i nadveren? Det passer smukt samme! Hvorfor ikke lige så godt sådan: Karlstadt er ikke længere i Orlamünde, derfor er Kristi legeme ikke til stede i nadveren. Det ene følger jo akkurat lige så godt som det andet! Hvad gør nu det til eller fra med nadveren, at Kristi kød ikke gavner nogen? Hvad gavn er det da i, at han sidder der ved nadveren, og at "touto" hentyder til ham, sådan som de drømmer om? Kære, lad mig låne deres kunster: Kristi kød gavner ikke noget, derfor sidder han ikke til bords, og "touto" hentyder ikke til ham. Er dette ikke akkurat lige så gyldig som den slutning, I trækker? Sig mig, hvor er Kristi kød til gavn? På korset? I himmelen? I moders liv? Hvor da? Jeg må vel høre, at han ikke kan være noget sted, fordi han ikke er til gavn noget sted. For hvis det er en logisk følgeslutning, at Kristi kød ikke gavner noget og derfor ikke er til stede i nadveren, så er det også en logisk følgeslutning, at det ikke er noget sted, for at det skal være til gavn hører jo lige så meget ånden til, og det lige meget, om han er på korset eller i himmelen, som når han er i nadveren. Hvad synes du? Det er virkelig himmelprofeter. Sådan er det, man skal gå løs på nadveren, hvis man ønsker at ødelægge den.

Sig mig videre, jeres nadver - brød og vin - hvad gavn er der i det? Hvis det ikke gavner noget, så er det heller ikke i nadveren, så er det heller ikke nogen, som modtager det. For det, som ikke er til gavn, er heller ikke til stede. I siger jo selv, at Kristi legeme ikke kan være der, siden hans kød ikke gavner noget. Hvad bliver der da af nadveren? Det vil jo naturligvis ikke findes noget, som er eller bliver hellig nok til, at det er til gavn, når Kristi kød ikke gavner noget, det som trods alt er det allerhelligste. Hvis ikke dette er at sværme og larme, kære, hvad er det da at sværme og larme? For ikke at snakke om at den blinde, frække ånd vender og fordrejer Kristi ord. Kristus siger nemlig ikke: "Mit kød gavner ikke noget", men: "Kød gavner ikke noget". Om sit eget kød derimod siger han: "Mit kød er sand mad" (Joh 6, 55).

Det er vitterlig to forskellige ting, "kød" og "Kristi kød". Ligeså er det to forskellige ting at sige, at Kristi kød ikke gavner noget, og at sige, at Kristi kød ikke gavner dig eller mig noget. Det må jeg forklare noget nærmere, for at bevise at disse ånder, som foragter Guds ydre ord, ikke forstår noget rigtig i Skriften. Gud er god, og alt det, Han har skabt, er godt, 1 Mos 1, 31. Men det, som er godt, det er også til gavn. For en ugudelig er det imidlertid ingenting som er godt eller gavnlig. Ingenting er rent eller sundt. Nej, alt er skadelig, ondt, urent og fordømt, også Gud selv. Ikke på grund af Gud eller det, Han har skabt, men på grund af vantroen, som misbruger det alt sammen. Derfor skal man ikke sige, at Kristi kød ikke gavner noget, men at kød ikke gavner noget. Sådan som Paulus siger, at kød og blod ikke kan arve Himmeriget (1 Kor 15, 50). For ordet "kød" går i denne sammenhæng på kødelig sind, vilje, forståelse og tågetanker, sådan som Paulus i Rom 8, 6 siger: "Det, kødet vil, er død." På samme måde forholder det sig, når Kristus i Joh 6, 55 taler om sit kød som den rette mad, da kritiserer han jøderne, som opfattede det på kødelig vis og siger, at disse ord er ånd og liv, kødet derimod gavner ikke nogen. Det vil sige: At forstå disse åndelige ord på kødelig vis, er intet andet end død.

Jo, siger de, Herrens brød og bæger er til nytte, når man spiser og drikker på værdig vis, sådan som det sker, når man erkender Kristus, sådan at man føler og smager ham med hjerte og begær. Kære, hvad skal man sige til dette? Deres brød og vin er til nytte, såfremt man spiser og smager det med begærlig erkendelse af Kristus. Hvordan har det sig da, at vort sakramente ikke er til nytte, når man tager imod det og spiser med ret tro? Er Kristi legeme og blod måske ikke lige så mægtig som deres afmægtige brød og vin, når det nydes med en ret tro i nadveren? *Eller betyder en ret tro ikke lige meget som begærlig erkendelse af Kristus?* Men fortæl mig nu, din løgneånd, når eller hvor, vi har lært, at nadveren (om den end i sig selv bestandig er gavnlig, sund og god) er til gavn for nogen, *med mindre vedkommende tager imod det i tro gennem Guds ord, som er i det?*

Det er intet andet en rigtige djævlekneb, Karlstadt har at komme med. Først introducerer han store og prægtige ord (hjertelig, begærlig, smag, erkendelse af Kristus), for at man skal tro, at det hele er alvor. For han så vel at brød og vin var lidt for simpelt, og derfor må han stive det af med sådanne tilføjelser, selv om han hverken har vej eller måde at angive for, hvordan man skal komme derhen. Dernæst har han ikke brug for ordet "tro", for han vil blive set på som en, som lærer helt andre og højere sager end vi gør, og derfor er en ret tro ingenting mod "den begærlige erkendelse". Selv om han véd akkurat lige så lidt om, hvad erkendelse af Kristus er, som han véd om, hvad tro eller god samvittighed er. For det tredje kommer han med bagholdsangreb og fremstiller det som om vi slet og ret lærer, at man skal tage imod nadveren uden ord og tro. Til trods for at han ved bedre besked. Endnu en gang er han ude og lyver, giftig og med overlæg. Ovenfor har jeg påpeget, at det ikke er nogen god ånd, som turer frem med åbenbare løgne i sådanne store og vigtige sager. Nej, ånden stammer fra en hævngerrig djævel, og det er den, som har besat Karlstadt.

I næste omgang kommer han til ordet "sakramentalsk" og hævder at Kristi kød ikke gavner noget på sakramental vis, lige så lidt som det i naturlig form er til gavn, fordi man i den ikke kan se noget hverken til døden eller opstandelsen osv. Her praler han af at han med dette nummer har givet paven en på øret, så det sortner både for ham og for gamle og nye papister. Bare pral, lille gnom, din far var en kålorm. Jeg véd ikke, om det er med overlæg, at ånden bærer sig ad, som om han var afsindig og gal, eller om det er Gud, som lægger sådan skrækkelige vrøvl på ham. Han slænger et blot og bart, nøgent, magtløst ord ud af hovedet, uden noget som helst grundlag: På sakramental vis gavner Kristi legeme ikke nogen osv. Og med sådant et ord vil han have slået både paven og os alle til jorden! Havde det endnu været hedningen Priapus. Han havde måske fløjet til skovs af frygt for en så skrækkelig trussel.

Ovenfor har jeg slået fast, at det ikke er ret, når man hævder, at Kristi legeme ikke gavner noget, sådan som denne gale ånd larmer. Nej, det er gudsbespottelse. *Kristi legeme er nemlig til gavn, uanset hvor det er. Selv om det på grund af min vantro ikke skulle være til gavn for mig. Solen skinner bestandig, selv om den blinde ikke ser den. Og Guds ord er bestandig et frelsende ord, selv om det for de ugudelige er gift og en duft af død til død* (2 Kor 2, 16). Kristi legeme er bestandig til stede i nadveren, selv om han ikke er der for disse tåbelige, blinde ånder, som endnu ikke har lært af den høje himmeland, så de véd, at kød og Kristi kød ikke er af samme slags. Det ene er et livets kød, det andet et dødens kød. Men hvad bryder vel den slags profeter sig om liv og død? Fik de bare den ære, at de var hellige ånder, så var det nok for dem!

Men når han siger, at man ikke kan se Kristi død og opstandelse i nadveren, og derfor er der ikke noget gavn i Kristus her - Kære, er det sandt? Ak, den høje profet! Sig mig til gengæld: Hvordan ser man døden og opstandelsen i Kristi legeme, som sidder til bords i nadveren, det som "touto" hentyder til? Står det malet på hans pande? Ikke det? Ej, da er han jo heller ikke til noget gavn for jer der. Hvordan denne ånd stiller sig med alle sine ord, han kan jo ikke sige nogen ting, uden at man kan trække det ned over hovedet på ham igen og træffe så godt, at det ikke bare sortner for ham, men så han dingler som en anden drukkenbolt. Hvis nu Kristi ord viser os og lærer os at erkende Kristi død og opstandelse i den Kristus, som sidder ved nadverbordet, hvorfor skulle de så ikke gøre det samme i forhold til legemet og blodet i nadveren? Det er jo ikke Kristi legeme, hvad enten det nu sidder til bords eller er til stede i brødet, men ordene, som forkynder Kristi død og opstandelse for os, de ord hvor han siger: Det gives for jer.

Men hvis nu deres erkendelse og ihukommelse af Kristus var bare begær, bare hjerte, bare ophidselse, bare glød, sådan at selv sektånden smeltede af det, og om deres ånderi blev stivet op med tusind gange prægtigere ord, hvad ville i så fald være sket? Hvad ville man have haft igen for det? Intet andet end nye munke og hyklere, som med stor andægtighed og stort alvor forholdt sig til brød og vin (om det gik vel) på samme måde som de ængstede samvittigheder hidtil har forholdt sig til nadveren. Det ville blive akkurat den samme angst og nød i forhold til denne erkendelse og ihukommelse, som der hidtil har opstået i forhold til det at man ønskede, at tage imod Kristi legeme på værdig vis. For den erkendelse, de foregiver, hjælper ikke. Djævelen erkender og ved også meget vel at Kristi legeme er givet for os, men det hjælper ham alligevel ingenting.

Den erkendelse, som hjælper, er imidlertid den, jeg har, når jeg ikke tvivler, men med en ret tro holder fast, at Kristi legeme og blod er *givet for mig, for mig, for mig* (siger jeg), for at uskadeliggøre min synd, sådan som ordene lyder i nadveren: "Det er legemet, som gives for jer." Gennem denne erkendelse skabes det glade, frie og trygge samvittigheder. Det er det, som er meningen, når det i Es 53, 11 hedder: "Derved at de kender ham, skal han retfærdiggøre de mange." Denne lære hader Karlstadts ånd som døden og vil gerne tilintetgøre den. Det er derfor han gøgler frem med "den begærlige, alvorlige hjerteerkendelse af Kristi legeme" som om det var alvor, og så alligevel lader det blive med det, i den tro at man ikke skal opdage, hvordan han laver lutter love og påbud ud af Kristi ord. Noget, som ikke udretter mere end at give os besked og ordre om at mindes ham og erkende ham. *Dermed gør han erkendelsen til en blot og bar præstation, som vi frembringer, mens det vi modtager, ikke skal være nogen andet end brød og vin.* Men det skal vi komme tilbage til.

Jeg skal imidlertid afsløre ånden for dig. Med sådanne store ord vil han komme protesterne i forkøbet og hindre, at man skal sige, at han fuldstændig tilintetgør nadveren ved, at han bare lader det være brød og vin. Derfor er det han blæser sådanne store ord op, for at man skal tro, at han vil opvurdere nadveren. Men det Djævelen vil, er i virkeligheden at lade den gå til bunds og anrette en fin lille fest i stedet, hvor man til sidst sidder og gumler og drikker og kaster kander og krus i væggen og skråler. For når man ikke har magtet at holde respekt hidtil, hvor man tror, at Kristi sande legeme er til stede, hvad for slags respekt skal det da blive tilbage, når man bare tror, at det er brød og vin, som er der? Ej, ej, hvilke flotte fyrer der skal blive af os. Da skal vi fråse og feste, så jorden begynder at gynge!

Her kan du endnu en gang se Djævelen aldeles tydelig, for *han gør det, som Kristus lover, om til et påbud og erstatter troen med en præstation,* sådan som jeg har sagt om ham ovenfor. For alt det spyt, Karlstadt i denne sammenhæng slynger ud om det at erkende Kristi legeme, flyder fra den kilde, at han efter eget hoved har fundet på at sigte sit "touto" på Kristi legeme, som sidder ved bordet, som vi har hørt. For i og med dette "touto", mener han, har vi ikke fået påbud om noget andet end at praktisere erkendelsen af Kristus i dette sakramente. Og det til trods for at Kristus selv ikke siger så meget som et ord om erkendelse, om bud eller om præstationer i denne sammenhæng. Han kan heller ikke vise nogen begrundelse, nogen Skrifthenvisning eller noget argument, blot det falske "touto" og sine egne tågetanker. Det må den tro på, som ønsker at tro på Djævelen. *Og oven i det hele gør han denne erkendelse til en ren præstation, sådan at han ødelægger både troen og Kristi løfter.*

Ud fra dette kan du begribe, at Karlstadts teologi ikke er kommet højere end at den lærer os, hvordan vi skal efterfølge Kristus. *Han gør Kristus blot til forbillede og lovgiver.* Alt sammen noget, som det kun kommer gerningslære ud af. Kristus derimod kender og forkynder han ikke, *siger ingenting om, at han er vores skat og Guds gave, det, som troen bliver til af, og som er den vigtigste del.* Nej, alt dette prøver han at tildække og pynte over med ord som "begærlig erkendelse", "ophidset ihukommelse" og lignende. Dermed falder han rigtig smukt fra troen og tilbage i præstationerne igen, sådan at hans lære og kunster, sådan som jeg for længst har mærket, til sidst vil munde ud i, at den frie vilje har noget, den skulle have sagt, i det, som har med Gud og med de gode gerninger at gøre.

Dertil kommer at denne gale ånd er så blottet for Skriftforståelse, at han ikke forbinder noget andet med ordet "ihukommelse", hvor Kristus siger "Gør dette til ihukommelse af mig!", end sofisterne forbinder med de tanker, man gør sig i det indre, i hjertet, når man husker på en eller anden. Nej, denne ånd kan ikke dy sig. Han må ind og gøre det, Gud vil have udvendig, om til nogen åndelig og indvendig. Det bliver ikke anderledes. Men det, som er endnu værre og endnu dummere, er, at han tillægger denne mindevirksomhed magt til at retfærdiggøre på linje med troen. Den grund, han angiver for det, er, at det står skrevet (siger han), at de har gjort dette til minde om mig. Hvad byder du? Det står skrevet, at de har gjort det til minde om mig, derfor gør det at mindes retfærdig. Her kan du se, hvor flot Karlstadt forstår Herrens nadver, hvad det vil sige at mindes ham, og hvad retfærdiggørelsen er. Her er det ingen anden end djævelen, som er i gang med sine rævestreger.

For din egen del skal du imidlertid vide og holde fast ved, at det at mindes Kristus, er at mindes i det ydre, sådan som når man siger om en person, som det er almindeligt i Skriften, f.eks. i Salme 16, 4: "Jeg vil ikke mindes dem og ikke tage deres navn i min mund." Eller Salme

9, 7: "Ingen mindes dem længere." Eller salme 83, 5: "Israels navn skal ikke mere kommes i hu." Eller Salme 112, 6: "Den retfærdige skal altid huskes." Med ordet "Gør dette til ihukommelse af mig!" vil Kristus derfor hverken mere eller mindre end det Paulus vil, når han siger "I skal forkynde Herrens død" (1 Kor 11, 26). Det Kristus vil, er altså at man skal forkynde om ham, når vi nyder nadveren og fremsige evangeliet for at styrke troen, ikke sidde og lege med tanker i hjertet og lave en god gerning ud af det at mindes, sådan som Karlstadt drømmer. Ak, tænk om disse profeter havde studeret lidt grundigere, før de begyndte at udgive bøger!

Af dette mærker du godt, at den slags ihukommelse ikke gør retfærdig. Nej, de som skal prædike, forkynde og stå for at mindes Herren i det ydre, må være retfærdige på forhånd, som der står skrevet i Rom 10, 10: "Med hjertet tror man til retfærdighed, med munden bekender man til frelse." Den retfærdighed, Karlstadt henter ud af erkendelsen derimod, den er ingenting. Hold dig væk fra den. Han lyver og bedrager dig, for han gør ikke erkendelsen til noget åndelig, sådan som den skal være. Det er jo om Ånden og den åndelige erkendelse Esajas taler (Es 53, 11), *den, som Helligånden bevirker i os og ikke vi selv, sådan at jeg véd, er tryg og ikke tvivler på, at Kristus er givet for mig.* Karlstadt derimod laver en menneskelig, *kødelig andagt* ud af det, en begærlig ophidselses-præstation i hjertet, noget som Djævelen og hyklerne også kan magte, men som ikke er højere end det, at man véd og erkender, hvordan Kristus er givet for os. Kundskaben lærer han, men *kundskabens brug* er han ikke i stand til at lære. Han vrøvler en masse om erkendelse, men han giver ikke en ret fremstilling af den. Han lader den blot være en præstation, hvilket er at lave erkendelse på kødelig og ikke på åndelig vis. Noget andet tåler hans ånd heller ikke. Det, som er åndelig, må han gøre kødelig.

Det fjerde lille nummer af Mor Hulda er, at hun behandler Paulus' udsagn i 1 Kor 11, 24: "Tag det, spis det, det er mit legeme, som brydes for jer" [ifølge Textus Receptus] og vil bestemme over det. Gud hjælpe mig hvor ånden blegner og skælver for dette tordenskrald! Alligevel tager han mod til sig og siger: Ak, stakkels uforstandige mand, mener du, at Kristi legeme brydes i stykker, sådan som man bryder brødet? Men kære, lad os nu bare høre, hvordan han her kvæler og sejpiner sig selv. Fortæl mig (siger han), brød Kristus sig selv i stykker i brødet? Hvis han ikke var i brødet, da han brød det, vil du heller ikke være i stand til at finde nogen apostel, som brød Kristi legeme i brødet. Til sidst kommer han ud med det resultat, at der ikke var sønderbrudt et eneste ben på Kristus. Ergo må brydningen være at forstå om hans lidelse, sådan at udsagnet "Det er legemet, som brydes for jer" betyder: Som bliver korsfæstet for jer. Se, kære ven, hvordan han her går omkring på æg, hvordan han vrider og snor sig, som har han grus i munden og mumler som et halvdødt og forskræmt menneske.

Nej, min søde lille ånd, så let slipper du ikke fri! Rigtignok skulle jeg have placeret dette udsagn oppe blandt de andre, men det uryddelige rod af en skrivemåde i hans bog hindrede mig i det. For det første nytter det ingenting, når han vil forstå det at bryde som en henvisning til lidelsen og korsfæstelsen, for Skriften taler ikke sådan, og han er ikke i stand til at føre noget bevis for det. Derfor tæller hans drømmerier og fodnoter heller ikke noget. Rigtignok finder man, at Skriften kalder nedtrykte sind for "sønderbrudt hjerte og ånd", men den kalder det ikke for legemlig lidelse, og hvis den havde gjort det, ville det ikke af den grund være sikkert, at det skulle forstås sådan her også. Der må bedre bevis til. Heller ikke gør det noget til eller fra, at der ikke blev brud et eneste ben på Kristus, for ingen af os er dum nok til at påstå, at Kristus i nadveren sønderbrydes på synlig vis, sådan som man radbrækker fanger. *Derfor beviser vi ud fra dette ord, at Kristus og apostlene brød Kristi legeme, for ordet siger, at det er legemet, som brydes for jer, og da må det have været i brødet, da det blev brudt, med mindre Paulus da lyver.*

Men lad os gå skurken på klingen. Ovenfor har vi bevist grundig og stærkt, at Karlstadts "touto" må hentyde til brødet, når han siger: "Tag det, spis det, touto eller det er mit legeme som gives for jer." Når Paulus derfor her også sætter dette "touto" og siger, at det er legemet, som brydes for jer, så må det også hentyde til brødet. Dermed tvinger teksten os til at trække den slutning, at dette brød er det legeme, som brydes, sådan at det kort og godt må fastslås, at denne brydningen må blive stående ved magt i nadveren, ved bordet, når man spiser. *Og at det, som sagt ovenfor, ikke er noget andet end dette at legemet deles ud til menigheden, sådan som man ellers bryder brød eller deler det ud til alle.* Derfor er det ikke nødvendig at drømme sig bort i spekulationer om, hvordan Kristi legeme skulle blive radbrækket i brødet. Nej, det er nok at det brydes, det vil sige: *bliver uddelt, lige så fuldstændig og fuldkomment i alle dele og partikler af brødet.*

Altså står det fast, det udsagn, at Kristi legeme og brødet er ét, og at det at brødet brydes, er det samme som, at Kristi legeme brydes eller uddeles, sådan at det bliver delt og modtaget af mange. For hvis Paulus ikke havde villet sige, at Kristi legeme var i brødet, så havde han ikke føjet det at bryde (som efter Skriftens almindelige mønster hører sammen med brødet) til Kristi legeme. Men når han nu slår det sammen til ét og viser til brødet og kalder det for Kristi sønderbrudte legeme, sådan at både brødet og legemet brydes i én og samme handling, så kan ingen komme udenom at bekende, at Kristi legeme er til stede i brødet. Og ligesom *brødet ikke mister egenarten eller navnet*, når det brydes - det forbliver og kaldes brød, selv om det brydes i stykker - sådan *forbliver også Kristi legeme dér*, selv om det deles ud til mange og i mange stykker.

Men endnu har han en indvending i baghånden. Paulus siger om brødet, at det er legemet, som brydes for jer. Kære, hvordan kan det brydes for os? "Brydes blandt os" havde været bedre. Ak, hvor letbenet denne ånd er, hvor flot hopper han ikke over ordet *"for os"*. Kære, hvorfor? Ja, fordi han har sat sig for, *at fornægte at det er syndsforladelse i nadveren.* En sådan hensigt er imidlertid nytteløs, så længe ordene brydes "for os" bliver stående, for det kan ikke betyde andet end at dette at bryde brødet og legemet er noget, som sker og er indstiftet, *for at det skal komme os til gavn* og forløse os fra synderne. *For Kristus har lagt kraften og magten i sin lidelse ind i nadveren, for at man skal hente og finde den dér* i overensstemmelse med det, ordene siger: "Det er mit legeme, som gives for jer til syndernes forladelse," som vi straks skal høre. Det er grunden til at disse ord ikke var til at røre ved for ånden.

Det femte nummer fra Mor Hulda gælder Luther ganske specielt, for han har lært, at den, som har en samvittighed som tynges af synder, skal gå til nadveren og hente trøst og syndernes forladelse. Her er Peter Bondeknold først for alvor blevet noget og siger ganske frejdigt: Ak, I falske profeter, I sælger Guds rige til folk for et stykke brød! Jeg véd nok, at I ikke gør brødet bedre med jeres hemmelige ånding og hviskning. Hvorfor siger I da, at det kan tilgive synd, når I blot har åndet på det? Hvorfor tager I ikke lige så godt en håndfuld byg og spiser det i Guds navn for at blive fri for synderne? Her må jeg snakke med Karlstadt selv.

Min kære Karlstadt, når De ikke ville eller kunne komme denne artikel til livs på anden måde, hvorfor holdt De Dem da ikke hjemme i stedet? De ville have haft hænderne fulde - om De så havde haft tusind stykker - hvis De skulle have overvundet mig med Skriftsteder og argumenter. Og så tager De bare tilløb og går til angreb på mig med spotord og åbenlyse og uforskammede løgne. Mener De, at jeg skulle blive bange for løgne, som De selv véd, er løgne? Hvis en person i verdslige sager gik løs på en andens ære med løgne, som begge parter vidste, var løgne, kære ven, ville man ikke sige til vedkommende, at du lyver som en ærkekæltring og en æreløs usling? Men hvad skal man da sige her, hvor man ganske uforskammet og i strid med samvittigheden lyver i sager, som har med Gud at gøre? Vel, den som endnu ikke tror at disse profeter er fulde af djævle, må høre godt efter. Jeg skal overbevise dem om, at det er det, de er med deres skamløse løgne.

Sig mig for det første, ærede løgneånd, hvornår har vi nogensinde lært at et stykke brød tilgiver synderne? Kom igen nu, Peter Bondeknold og Victus Knebel og vis i det mindste et eneste bogstav eller et punktum som bevis. Det er jo det, I ellers plejer at føre i marken for jeres standpunkter. I véd jo, at vi ikke lærer noget sådant, hvad kan det da være for slags ånd, som giver jer ordre om at lyve så skammelig? Hvis det var af glemsomhed eller mangel på kundskab, at De løj, kunne jeg sagtens se på Dem som menneske. Men når De i så alvorlige sager giver Dem af med at lyve i den grad med overlæg, bevidst og giftig, kan ingen se andet i Dem end selve den onde ånd. Men det er det, som kendetegner disse profeter, at de taler så hånlig og spottende om spørgsmål, som gælder Gud, og det for at ophidse den dumme pøbel og gennem sådanne ord at indbilde den, at det er bare sejr og triumf, selv om de ikke hører så meget som et ord til begrundelse.

Fortæl mig for det andet, hvornår det er vi hvisker eller ånder over brødet. Kom igen og svar! Eller hvor har vi nogensinde lært, at brødet bliver bedre gennem det, at vi hvisker og blæser? Kom igen nu! Godt, lad mig også aflægge en ed: Så sandt Karlstadt tror at det findes nogen Gud til i himmelen eller på jorden, så skal Kristus, min Herre, aldrig mere være mig trofast og nådig - det er jo lidt af en ed. Grunden er at Karlstadt véd, at vi ikke ånder eller hvisker over brødet, men siger de guddommelige, almægtige, himmelske, hellige ord, som Kristus i den hellige nadver selv udtalte med sin hellige mund og gav besked om at udtale. Om de onde og syndige gejstlige snakker jeg ikke i denne sammenhæng. *Ja, jeg siger, at om det så var et æsel som Bileams æsel, som fremsagde ordene, ja, om det så var en djævel, så er de alligevel Guds ord og skal holdes i al ære, sådan som det sømmer sig.*

Sig mig nu: Den, som véd med fuld sikkerhed, at det drejer sig om Guds ord, og som alligevel vover at udbasunere at det bare er menneskehvisknning og menneskeånde, at spotte og latterliggøre det og fordærve den stakkels pøbel med den slags gift og løgn, og som bagefter ikke viser tegn på frygt eller skamfølelse eller anger, men glæder og morer sig over den slags kæltringestreger, som om Gud ligesom skulle sætte krone på ham og kalde ham nådejunker for spotten og folkeforførelsen, hvordan kan en sådan person tro eller tænke, at det findes nogen Gud? Han kan ikke være besat med kun én djævel! Lad nu det fare. Karlstadt vil nok finde det, om han ikke allerede har fundet det. Om Gud skænker ham det, vil jeg også sige, at det ikke findes nogen Gud, men jeg giver Karlstadt en venskabelig advarsel om at gøre bod. Han har spændt buen stram nok, når det gælder at friste Gud. Det har også varet længe nok. Gud give, at det må vise sig, at jeg her er en løgner og falsk profet. Ak, gode Gud, hvad kan vi gøre, hvis du overlader os til os selv?

Din elendige ånd, hvorfor tager du ikke fat i de rigtige ting? Hvorfor kritiserer du ikke vores lære? Det, du slår løs på hos os, er en fremmed lære, som du pådutter og lyver os på, og som ikke er vores. Hvad er lettere end at udklække en løgn og tillægge en anden det, og så drage til kamp mod den og slå sig til ridder på kampen? *Men det, vores lære går ud på, er, at brød og vin ikke gavner noget. Ja, at legemet og blodet i brødet og vinen heller ikke gavner noget. Lad mig tage endnu et skridt og sige, at Kristus på korset med alle sine lidelser og sin død heller ikke gavner noget.* Ikke engang selv om det alt sammen bliver "erkendt og mediteret over af hjertet og på det mest begærlige og ekstatiske", sådan som du lærer. Nej, der mangler fortsat én ting, som må være til stede. Hvad? Ordet, ordet, ordet. Hører du det, du også, din løgneånd: *Ordet udretter det. For selv om Kristus tusind gange var blevet givet og korsfæstet for os, ville det alt sammen have været forgæves, hvis ikke Guds ord kom og delte det ud, gav mig det og sagde: Det skal være dit, tag det og behold det.*

Derfor er det også sådan, at hvis jeg i overensstemmelse med den karlstadtske lære havde praktiseret det, at mindes og erkende Kristus med så stort begær og alvor, at jeg svedte blod og blev aldeles fortæret af ild ved det, så ville det alt sammen have været ingenting og helt forgæves. Det ville nemlig ikke have været andet end bud og præstationer, *ingen gave og intet Guds ord, som rakte mig Kristi legeme og blod og gav mig det.* Det, som var sket, ville have været akkurat som, *hvis en kiste fuld af guldpenge og en stor skat lå nedgravet* eller var gemt til mig. Jeg kunne tænke mig til døde på den og erkende den fuld af lyst og have fuldt op af begær og ophidselse, når jeg tænkte på skatten og forestillede mig den, lige til jeg blev syg af det. *Men hvad slags gavn ville jeg have af det alt sammen, hvis skatten aldrig blev åbnet, blev givet til mig, bragt hid og overladt i mit eje?* Det ville virkelig være at elske og ikke nyde, at blive mæt alene af lugten og blive beruset bare af at

150

stirre på glasset, akkurat som Esajas siger, at man drømmer at man spiser og drikker, men når man vågner, er sjælen kraftløs, osv. (Es 29, 8).

Netop et sådant drømmeri er det, hele Karlstadts lære er. Med de fine ord "begærlig ihukommelse, ophidset erkendelse, følelsesfyldt smag af Kristi lidelse" narrer han os nemlig og fører os ikke længere, end at han viser os helligdommen gennem glas eller i en beholder. Her - i drømme altså - kan vi se og lugte den, til vi bliver mætte. *Men han giver den ikke til os, åbner den ikke, lader den ikke blive vores.* Nej, det han vil med disse storartede ord, er at fordunkle Ordet for os, som giver os en sådan skat ved at sige "Tag det, det er legemet, som gives for jer". Dette *"for jer"* er gift og den bitre død for ham, men for os er det trøst og liv, for *det åbner skatten og overlader den i vort eje.*

Nådens erhvervelse og uddeling

For at man desto bedre kan forstå vores lære, vil jeg snakke klart og enkelt. Om syndernes forladelse har vi *to ting* at sige. Det ene er, *hvordan den er vundet og erhvervet.* Det andet er, *hvordan den bliver uddelt og givet til os.* Erhvervet den har Kristus på korset, det er sandt nok. Men han uddelte eller gav den ikke på korset. I nadveren eller sakramentet købte han den ikke, men her uddeler han den og giver den gennem ordet, *sådan som det også sker ved evangeliet, når det bliver forkyndt.* Erhvervelsen skete en gang for alle på korset. Uddelingen derimod sker mange gange, både før og efter, fra verdens begyndelse og lige til enden. For da han først havde besluttet at købe den en gang for alle, var det akkurat det samme for ham om han *gennem sit ord delte den ud før eller efter.* Det er let at bevise med Skrifthenvisninger, men det er det hverken brug for eller tid til nu.

Hvis jeg nu vil have min synd tilgivet, skal jeg ikke løbe af sted til korset, for her finder jeg endnu ikke syndsforladelsen uddelt. Jeg skal heller ikke holde mig til det at mindes og erkende Kristi lidelse, sådan som Karlstadt leger, for i det finder jeg den heller ikke. Nej, til nadveren eller evangeliet. *Her finder jeg ordet, som uddeler, skænker, frembyder og giver mig den tilgivelse, som blev erhvervet på korset.* Derfor har Luther lært ret, når han siger, at den, som har dårlig samvittighed på grund af sine synder, skal gå til nadveren og hente trøst. Ikke i brødet og vinen, ikke i Kristi legeme og blod, men i ordet, som i nadveren frembyder, skænker og giver mig Kristi legeme og blod, som givet og udøst for mig. Er det ikke klart nok?

Derfor skulle denne gale ånd have gået til angreb på os på den måde, at han sagde: Ak, I falske profeter, I har ikke noget ord i nadveren, som skænker eller giver jer syndernes forladelse. Jeg gentager: *Ordet* i nadveren, det som vi står på, trodser og pukker på, det var *det,* han skulle have draget til kamp mod og bevist, at vi ikke havde det der, da kunne der have blevet en fin ridder ud af ham. *For selv om der ellers kun havde været brød og vin,* sådan som de hævder, så ville det alligevel, såfremt ordene «tag det, det er mit legeme, som gives for jer...» var

152

med, have været *syndsforladelse i nadveren på grund af de samme ord*. Akkurat som vi i *dåben* bekender, at det ret og slet er vand, som er til stede, men fordi Guds ord, som tilgiver synden, er i vandet, siger vi frit med Paulus, at dåben er et bad til genfødelse og fornyelse (Tit 3, 5). *Alt afhænger af ordet*.

Her, kære læser, har du Karlstadts djævel, og ser, hvordan han har sat sig for at tilintetgøre Guds ydre ord, som han ikke har nogen agtelse for og ikke bryder sig om. Hviskning, pustning og blæsning, kalder han det! Ligeledes hvordan han har villet ophæve nadveren helt og holdent, både legemlig og åndelig: Legemlig skulle Kristi legeme og blod ikke være til stede, og åndelig skulle der ikke ske nogen syndsforladelse. Hverken nadveren eller frugten af det skulle blive stående. I stedet for denne Guds ordning og ord ville han etablere sine egne drømmer om at mindes og erkende. Men det er mislykkes for ham. Men nu véd du, hvad du skal mene om ham.

Her må jeg indskyde, at han helt til sidst i bogen udspyr stor fornuft og klogskab og påstår at Kristi legeme i nadveren var dødelig, mens det nu derimod er udødeligt og ikke kan gives for os, sådan som ordene lyder: "Det er legemet, som gives for jer." Men hvis det nu ikke bliver og ikke kan blive givet for os, hvis ordene nu altså er uvirksomme og falske, når man bruger dem om det udødelige legeme, så må det også være en falsk påstand, at det dødelige legeme var i brødet og vinen. Det er jo efter Kristi død, nu da han er udødelig og ikke bliver givet - sådan som Kristus sagde, at han blev, da han var dødelig - at vi fejrer denne nadver. Nu, hvad synes du? Er ikke Mor Hulda dygtig til at lede efter smuthuller og nødudgange?

Til dette svarer vi for det første, at Kristi blod ikke blev til Gabriels eller Michaels blod, da det blev udødeligt. Nej, det forblev Kristi blod. For vi tror og det er sandt, at Kristi blod, som nu sidder ved Guds højre hånd i himlen, blev udøst for os én gang og ingen anden. Når man nu ser på den hændelse, han købte syndsforladelsen med, så var den endnu ikke sket ved nadveren. Nu derimod er den sket og er fortid. Men når man ser på *uddelingen af tilgivelsen*, så er der ingen bestemt tid. *Det er noget, som er sket fra verdens skabelse af*, som også Johannes siger i Åbenbaringsbogen, at Guds lam var slagtet fra verdens skabelse af (Åb 13, 8).

Fordi alle, som endnu har synder, der skal tilgives, har brug for Kristi legeme og blod, så er det stadig væk sandt, at det gives for dem. *For selv om begivenheden er afsluttet, så er det fortsat det samme som, at det endnu ikke er sket for mig, så længe det ikke er blevet uddelt til mig.* Derfor duer de ikke til noget, disse sofistiske spidsfindigheder fra Mor Hulda, som ikke bryder sig om, at *det er uddelingen, alt drejer sig om. Kristus erhvervede syndsforladelsen for uddelingens skyld og har lagt den ind i uddelingen.* Af samme grund er det jo Paulus siger, som vi har berørt ovenfor, at Kristi legeme bliver brud for os. Her gør det jo ingenting fra eller til for tilgivelsen, om det er dødelig eller udødelig, om det er sket eller skal ske, det er nok, at det er det samme blod. *For mig bliver det nemlig udøst, når det bliver uddelt og tildelt mig, det som engang blev udøst for mig.* Og det er noget, som fortsat sker og må ske daglig.

Dette er faktisk de bedste og flotteste numre, Mor Hulda har at komme med i disse sager, og af det kan man se, hvordan hun er Djævelens brud og taler det, som han indgiver hende. Nu vrøvler Karlstadt videre og siger at Kristus ikke kommer ned fra Himlen, fordi Paulus siger, at vi skal forkynde Herrens død til han kommer (1 Kor 11, 26). Nok en gang spotter han Guds ord og spørger, om det er sådan, at Kristus må stille op på grund af den stinkende pusten til en fordrukken præst, eller om vi kan ruske Ham ned fra Himlen med besværgelser. Videre hævder han, at Kristus ville have måttet forlade det sted, han sad, hvis han skulle have krøbet ind i brødet, og at han fremdeles måtte forlade Himlen, hvis han skulle komme ind i brødet osv. Mange lignende hånsord kommer han med, men det er alt sammen så barnligt, klodsede og skammelige tanker og løgne, og de er rørt sådan sammen, at de ikke fortjener noget svar i det hele taget.

For vi påstår ikke, at han kommer fra Himlen og efterlader sin plads tom, ellers måtte jo denne ånd også sige, at Guds søn havde forladt Himlen, da han blev menneske i mors liv, og al den spot Karlstadt øser over legemet i nadveren, måtte han også øse over Kristi guddom som menneske. Sådan som han nok også kommer til at gøre, når han bare får tid til det. Da Stefanus så Jesus, ApG 7, 55, sagde han heller ikke, at han kom ned fra Himlen, men at han stod ved Guds højre hånd. Paulus hørte ham også tale, ApG 9, 4, men heller ikke da, kom han ned fra Himlen. Det, den gale ånd omgås med, er kort og godt de barnagtige tanke om, at Kristus ligesom farer op og ned. Han forstår heller ikke, hvordan *Kristi rige er alle steder*, og hvordan Paulus kan sige, at det fylder alt, Ef 1, 23. Vi har ikke fået besked om at udforske, hvordan det går til, at vort brød bliver til og er Kristi legeme, men Guds ord står der og siger, at sådan er det, og det holder vi os til og tror på. Det må du have at slås med, din elendige djævel! Du må holde ud og forske til du erfarer, hvordan det går til.

Videre spotter han os, som om vi skulle sige og lære, at bægret er i blodet og vrøvler om, at man ikke ser noget blod dér. Stadig vender han ørerne bort fra Guds ord og står bare og stirrer på brød og vin. Denne ånd vil nemlig ikke tro det, Guds ord siger, kun det, han ser og føler. Hvilken nydelig tro! Nuvel, vi svarer den elendige Djævel, at disse ord i Luk 22, 20: ”Dette bæger er den nye pagt i mit blod” hverken skal eller kan være sådan at forstå, at udtrykket ”i mit blod” hører til ”Dette bæger”, sådan som denne ånd af ren og skær vrangvilje vil have det. Nej, det hører til udtrykket ”den nye pagt”. Det er jo sådan den naturlige rækkefølge også antyder, og dermed er meningen: Dette bæger er en ny pagt, ikke i sig selv - i sig selv er det måske et glas eller en sølvpokal - men fordi mit blod er i det. På grund af blodet er det en ny pagt. *For den, som tager imod bægret på den måde, at han her tager imod Kristi blod, som er udøst for os, han tager imod den nye pagt, det vil sige syndernes forladelse og evigt liv.*

Men jeg skal sige dig, hvorfor dr. Karlstadt måtte spotte, håne og drive nar akkurat her. Ordet var for klart og stærkt, og han havde ingenting at stille op mod det. Det tvinger nemlig med fuld kraft, og det stærkere en nogen af de ord, vi har behandlet tidligere, til at trække den slutning, at Kristi blod er til stede i nadveren. Derfor har han nok tænkt at tude ørerne fulde på pøbelen og andet slet folk og dermed at aflede opmærksomheden sådan, at de ikke tager notits af disse ord hos

Lukas. Jeg synes også, at man her kan mærke, at Karlstadt handler i strid med sin egen samvittighed, når han nægter, at Kristi legeme og blod er i nadveren. Han er af hjertet fjendtlig mod Gud og ønsker at gøre Ham fortræd og vise foragt for Hans hellige ord ved at håne og spotte nadveren. Jeg gentager, at det ser ud for mig, som om Karlstadt har bestemt sig for og vover sig til, at være en åbenlys fjende af Gud og ønsker at løbe snarere en at gå til Helvede. Gud give, at jeg tager fejl og ikke taler sandt!

Dette udsagn hos Lukas og Paulus er imidlertid klarere end solen og mægtigere end tordenen. For det første kan ingen nægte, at det er bægret, han taler om, siden han siger "Dette bæger". For det andet kalder han bægret den nye pagt, og det er et overmåde stærkt argument, for det er udelukket, at det skulle være en ny pagt blot på grund af vinen. *For hvad er den nye pagt andet en syndernes forladelse og evigt liv, købt os af Kristus og tildelt os i nadveren?* Hvis da bægret skal være en ny pagt, så må der være nogen i det og ved det, som har en lige så stor virkning, som den nye pagt har. Hvis det ikke er Kristi blod, "i mit blod", som han siger, så kom an og fortæl, hvad det er! Derfor kunne vi godt sige til disse ånder: Ak, I falske profeter, I som giver og lover folk den nye pagt i og på grund af en slurk vin! Da måtte der desuden have stået sådan i teksten: "Det er bægret, den nye pagt i vinen", men siden ordene nu lyder: "Dette bæger er den nye pagt i mit blod", så er Karlstads kunster, Skriftbeviser og bøger, både dem, han har lavet og dem, han kan komme til at lave, jævnet med jorden og overvundet, sådan at han ikke engang kan klage. Og klager han alligevel, kommer han bare til at gøre ondt værre.

Her står nu vores tekst, kom bare, kære himmelprofeter, bid og spis, spot trøstig videre og vær så vrangvillige, I være vil. At bægret er den nye pagt, er I nødt til at lade blive stående. Selv om det ikke havde været noget "touto", som pegede på det, ja, selv om alle "touto'er" havde været på jeres side, så ville I have været nødt til at lade det blive stående, at det er den nye pagt, ikke i og med det, som det er efter sit eget væsen, men i og med Kristi blod. Blodet, Kristi blod, er det som gør udslaget og gør dette bæger til en ny pagt. Og det kan ikke være at forstå om Kristi blod, som han sidder dér, for det kan ikke være på grund af det blod, som ikke er i det, at bægret er den nye pagt, det som heller ikke har noget med den at gøre. Nej, her må som før sagt *bæger og blod være ét,* sådan at den, som har eller tager imod bægret, også har og tager imod Kristi blod. Hvorhen vil I nu stikke af, kære sektånder? Lad dem bare skrive og skrive i tusind år, jeg skal nøjes med at holde det ene ord op mod dem: "Det er bægret, den nye pagt." Ordet "den nye pagt" - du alverden hvordan det smadrer hele sværmen af ånder og profeter, aldeles som om de bare var en lorteklump!

Jeg har også hørt sige (alle disse giftbøger har jeg jo ikke set eller læst), hvordan de hjælper sig med stedet i Matthæus 16, 18, hvor Kristus siger til Peter: "Du er Peter, og på denne klippe vil jeg bygge min kirke." Her finder man en parallel, hævder de, for Kristus begynder med at snakke om Peter og kalder ham en klippe, og i næste øjeblik vender han talen over på en anden klippe og siger "og på denne klippe vil jeg bygge min kirke". På samme måde gør han her også, når han siger, at de skal tage og spise, for det er mit legeme. Han vender talen fra brødet og over på sit legeme, der han sidder. Se, hvordan man griber til det, som er for hånden! En løgn må bestandig drage syv andre efter sig for at begynde at ligne sandheden og få et skær af tilforladelighed.

Til dette svarer vi: Hvis det nu havde været sådan, at Kristus virkelig talte på den måde i Matt 16, så er det alligevel langtfra tilstrækkelig til at opstille nogen trosartikel og bygge en samvittighed på den forudsætning, at sådan må det også forholde sig på samme måde her. Nej, ved hjælp af klar tekst måtte man bevise, at det også skulle og måtte være sådan på dette stedet. Derfor hjælper det ingenting, om disse ånder siger, at Kristus i Matt 16 pludselig vender talen fra en klippe til en anden, og derfor skal den her også flyttes over fra brødet til legemet. Hvem vil garantere for det og gøre os visse på, at det må være sådan her også? Ganske vist påstår du det, men hvordan kan man tro dig, når du ikke fører bevis for det? At talen skal forstås som en lignelse, må du dokumentere ud fra Skriften og ikke nøjes med at hente det ud af dig

selv. For (som jeg ofte har sagt) troen vil ikke nøjes med nøgne på-
stande, det være sig i tale eller sang, nej, den vil have Guds ord, som
klart og ligeud siger: Sådan og ikke anderledes er det. For troen vil ikke
være noget siv, som svajer i vinden.

For det andet: Det er ikke sandt, at Matt 16 har den samme ud-
tryksmåde, for der står ordet "og" imellem de to dele og gentager ordet
klippe endnu en gang, sådan at det lyder: Du er Peter, og på denne
klippe ... Det indebærer at når han siger "du er Peter", så er første del
af udsagnet slut, og så begynder en ny del, nemlig "og på denne
klippe... " Et tilsvarende "og" og en tilsvarende gentagelse af ordet le-
geme står ikke i nadverteksten. Der siger han direkte: Tag det, spis det,
det er mit legeme. Havde der i Matt 16 stået som så: Du er Peter eller
klippen, på den vil jeg bygge eller på hvilken jeg vil bygge min kirke,
ja, så havde udtryksmåde virkelig været den samme. Eller om det i for-
bindelse med nadveren havde stået: Tag det, spis legemet, og det er mit
legeme, ja, så ville det have været samme udtryksmåde som i Matt 16.

Men når der nu i Matt 16 står et "og", mens det her ikke står noget
"og" imellem, og når Kristus i Matt 16 gentager ordet klippe og siger
"på denne klippe", mens han i nadverteksten ikke gentager ordet "le-
geme", så viser udtryksmåden, at han med ordet "klippe" hentyder til
sig selv eller sit ord, det som Peter talte, mens han med ordet "legeme"
hentyder til brødet. Ergo er disse to udsagn akkurat så lige som ild og
vand er. Desuden har evangelisten for at markere forskellen og for at
markere at det er et nyt udsagn, som begynder i Matt 16, med flid gjort
forskel på den ene og den anden klippe. For til klippen Peter sætter
han hankønsartiklen "der", om den anden klippe bruger han hun-
kønsartiklen "die", for at man skal skønne at Peter som er en "der"
ikke kan være den klippen han gør til "die", den som Kristus vil bygge
sin kirke på. Derfor sætter han "der" og "die" i hver sin del af udsagnet,
adskilt fra hinanden. Det sker ikke i nadverteksten, hvor ordet "das"
hentyder til begge dele, både brød og legeme, og derfor står i et og
samme udsagn: "det (das) er mit legeme".

For at han ikke bestandig skal tale uden at støtte sig til Skriften, kommer han (Gud være lovet) til sidst, måske er det for sidste gang, med et Skriftsted, nemlig Matt 24, 23: ”Hvis nogen da siger til jer: Se, her er Kristus! eller: Her er han! så tro det ikke.” Når vi nu siger, at Kristus er i nadverbrødet, så er det det samme som at sige, at Kristus er her og der. Derfor er det ikke sandt. Se her, se her - det er virkelig lidt af en fuldtræffer! OK, hermed skal jeg synge Salme 22 for profeterne og ønske dem godnat. Så blinde gør hadet disse ånder, at de ikke engang kan se sig om og lægge mærke til, hvad som går forud eller følger efter disse ord. Nej, de bare ramler ned på dem, fordi de ved første øjekast ser ud til at være til fordel for dem. Derfor må vi nok en gang give dem tydelig besked.

Det er to vidt forskellige ting at tale om Kristus og at tale om Kristi legeme og blod, for når evangelisten siger ”her eller dér er Kristus” og lignende, så snakker han om hele Kristus, det vil sige om Kristi rige. Det fremgår med tvingende kraft af en tekst som Luk 17, 20-21, hvor han siger: ”Guds rige kommer ikke, så man kan iagttage det; man vil heller ikke kunne sige: Se, her er det! eller: Se dér!” Det er dette udsagn, de andre evangelister gengiver med her eller dér er Kristus. Det betyder alt sammen, at Kristi rige ikke består i ydre ting, steder, tider, personer, gerninger, men - som han selv siger samme sted - ”Guds rige er indvendig i jer”. Af det følger ikke at Kristus ikke er noget sted. Han er alle steder og fylder alt, Ef 1, 23. Men han er ikke bundet til noget bestemt sted, som om han måtte være dér og ikke noget andet sted, sådan som de tolker det. De, som ikke kan lade samvittighederne være frie, men binder dem til bestemte steder, gerninger og personer.

Sådan som Kristus selv og hans rige ikke er bundet til noget sted eller til nogen ydre ting, er alt det, som hører med til hans rige frit og ikke bundet til noget sted. Det gælder for evangeliet, dåben, nadveren og de kristne, for evangeliet skal og må være frit i alle retninger og ikke bundet til noget bestemt, afgrænset sted. Det befinder sig jo ikke bare i Rom eller her og dér ellers. På samme måde er det også med dåben og nadveren, for det er ikke påkrævet, at det bare er i kirkerne og ingen andre steder, at man prædiker, døber og tager imod nadveren. Nej, det kan ske på et hvilket som helst sted, når det bare er nødvendigt. Det følger ikke af det, at Kristus i nadveren skulle være bundet til det ene eller andet sted. Nej, med sit sakramente er han eller kan han frit være alle steder. Derfor er det med urette at disse profeter fører dette udsagn, som taler om Kristi rige, over på nadveren.

Skulle dette være gyldigt, måtte man nemlig også benægte at evangeliet og dåben og nadveren er noget sted. *Kristus er jo også nærværende i evangeliet*, men ikke desto mindre må han være til stede, mundtlig og legemlig, bestemte steder. Ja, Kristus kunne heller ikke være til stede i Himlen, ved Faderens højre hånd, for da kunne man også sige: Se, dér er Kristus. Ligeså måtte man have sagt til Stefanus, da han i ApG 7, 56 så Jesus stå, at du lyver, for Kristus er hverken her eller dér, hvis disse profeters kød-tanker skulle have passet. Ja, deres egen lære om at erkende og mindes Kristus ville også have været nul og niks, for de er jo nødt til at befinde sig et eller andet sted, når de gør det.

Derfor må udtrykket "her og dér" for det første forstås sådan, at det går på legemlige, ydre steder og ting. For det andet om sådanne fysiske steder, som specielt bliver trukket frem og gjort nødvendige til frelse af falske profeter, med den følge at ikke alle steder forbliver frie. Sådan var det man gjorde det under pavedømmet. Men vi lærer ikke, at Kristi legeme og blod skulle være synlig til stede på ydre steder. Nej, vi lærer, at det er skjult til stede i nadveren. Tilsvarende siger vi heller ikke, at han må og skal være på bestemte steder og ikke være fri til at være over alt. Nej, han selv - med brødet og vinen - kan og skal være fri i forhold til alle steder, rum, tider, personer.

Men når han siger "det er mit legeme" og ikke "det er Kristus", så er det, fordi det i nadveren ikke drejer sig om hele Kristus, det vil sige hans rige, men for at man klart og tydelig skal forstå, at det er hans legeme - *legemlig og i sandhed* - som en del af hans rige og af den hele Kristus, som det drejer sig om. På samme måde kalder man heller ikke evangeliet for Kristus eller et Kristi rige, men en mundtlig, legemlig forkyndelse, som en del af hele Kristus eller hans rige. Ikke desto mindre har det den samme egenart, som hele Kristus, at det frit er overalt og ikke med nødvendighed er bundet til bestemte steder. Følgelig er det hele Kristus, som menes, når det er tale om Kristus, mens det er en del af det hele, det sigtes til, når det tales om hans legeme.

Her vil jeg standse for denne gang. For det Karlstadt væver om, hvor vi har fået magten fra til at bringe Kristi legeme og blod ind i nadveren, har vi tilbagevist tilstrækkelig ovenfor. Og han må vel også lade os beholde det, at vi tror: At brødet, som VI bryder, er Kristi legeme. Disse "VI" vil ganske rigtig have magten, netop i de ord, hvor Kristus selv havde den under nadveren. Ligesådan forholder det sig med det, han fantaserer om den retfærdighed, som skal følge med det at afdø, og som de holder for Åndens retfærdighed i det indre. Det er noget, som han har opdigtet, og som er uden grundlag. Ovenfor har du jo hørt den rigtige rækkefølge. *Selve begyndelsen og det, som kommer først, er troen i hjertet, Åndens retfærdighed, derefter følger det at slå det gamle menneske ihjel, så det dør,* Rom 8, 13: "Hvis I ved Åndens hjælp dræber legemets gerninger, skal I leve." Det er "ved Åndens hjælp", siger han, følgelig må den være til stede først.

Dette må være svar nok på alle de bøger, som Karlstadt har lavet og digtet sammen om nadveren på tre hele år. Jeg har givet ham svar på disse tre uger, og giver ham gerne tre år til og tre nye bagefter, sådan at det bliver seks, til at give mig et ordentligt svar igen. Og da giver jeg dem en ekstra advarsel med på købet, om at se sig godt for, så de kan ramme, for det trænger de virkelig. Jeg for min del skal ikke kræve noget. Jeg er tværtimod taknemlig af et fuldt hjerte og skal ikke tage stort for umagen, så godt som de har styrket mit hjerte, når det gælder denne artikel. For nu først ser jeg, at der absolut ikke findes noget, man kan stable på benene mod denne artikel. Når jeg har talt så vidtløftig og brugt så mange ord, er det fordi det Karlstadt skriver, er så dunkelt og uordentligt, og fordi jeg ønsket at bringe lidt lys og klarhed ind i det. Jeg antager også, at det først er på grundlag af denne bog, at Karlstadt kommer til at forstå sig selv så nogenlunde. For jeg er ikke i tvivl om, at han hidtil ikke har indset, hvad det er, han gør, eller hvor hans lære fører hen. Han er nemlig ikke i stand til at fatte eller begribe noget godt, langt mindre at holde styr på og skrive om noget.

Til slut vil jeg trofast og broderlig formane alle og enhver, at de tager sig i agt for Karlstadt og hans profeter, og det specielt af to grunde. Den første er, at de løber omkring og forkynder uden at være kaldet, noget Gud gennem Jeremias dømmer, når Han siger: "Jeg har ikke sendt profeterne, alligevel farer de frem; jeg har ikke talt til dem, alligevel profeterer de". (Jer 23, 21). Derfor er det også Kristus i Joh 10, 1 dømmer dem, som ikke går ind gennem døren, men klatrer over andre steder, som tyve og mordere. De praler stort af at have Ånden, mere end apostlene, og alligevel har de nu i mere end tre år lusket omkring i hemmelighed og lagt deres efterladenskaber. Havde det været den rette Ånd, som var på færde, så havde han øjeblikkelig trådt frem og bekræftet kaldet med tegn og ord. Men det er en fordækt skumle-djævel, det drejer sig om, som lusker omkring i krogene og bare venter på at få gjort skade og udbrede sin gift.

Den anden grund er, at disse profeter undgår, flygter fra og *fortier selve hovedsagen* i den kristne lære. *For ikke et eneste sted lærer de, hvordan man skal blive fri fra synden, få en god samvittighed og et hjerte som vender sig mod Gud i fred og glæde - det som alt afhænger af.* Det er det sikre kendetegn på, at deres ånd er Djævelen, som sagtens ophidser, sætter skræk i og forvirrer samvittighederne med specielle, nye ord, men som ikke giver dem ro eller fred. Det er han heller ikke i stand til. Nej, han bare styrter til og lærer dem et par særlige handlinger, som de skal slå sig på og indøve. Hvordan en god samvittighed skal se ud og være indrettet derimod, det ved de slet ikke noget om, for det er noget, de aldrig nogensinde har følt eller oplevet. Hvordan skulle de også kunne vide og føle det, når de kommer af sig selv og lærer og ikke har noget kald. Det kan det jo aldrig komme noget godt ud af.

Guds nåde være med os alle. Amen.

Den Store Lutherserie

Kristi nadverord står fast
Salme 51
Opstandelsen – 1 Kor 15
De Lutherske Bekendelsesskrifter
Vejledning for menighederne
Huspostillen
Bjergprædikenen
Teologiens Grundbegreber
Første Mosebog bind 1
Første Mosebog bind 2
Første Mosebog bind 3
Første Mosebog bind 4
Om den hellige dåb
Fortalerne til Bibelen
At bede enkelt
Nådens Nøgler
Sang og Musik
Udvalgte Breve
Festpostillen
Gud vil alles frelse
Peters Første Brev
Kirkepostillen – Vinterdelen
Kirkepostillen – Sommerdelen
Troen Alene
Johannes 17 – Om Kristi Bøn
Privatmesser og præstevielse
Den sande kirke og den falske kirke
Luther-Leksikon
Den Store Katekismus
Den Lille Katekismus

(Se: lutherdansk.dk)